CANTONESE

Cantonese is one form or 'dialect' of the Chinese language. It is spoken in Kwangtung, the most south-easterly province of China, of which Canton is the capital. The word 'Canton' is a rather rough rendering by early European visitors of the name of the province, Kwangtung, the city itself being to the Chinese Kwangchow. This province has a population of some forty million, most of whom speak Cantonese as their mother tongue. There are other Chinese dialects in Kwangtung (Hakka, Hainanese and Ch'aochow) but most people who speak them can also speak and understand Cantonese.

Outside China Cantonese is by far the most widely-spoken form of the Chinese language. It is the most important form of Chinese in Cambodia, Malaysia and Vietnam, is understood in Singapore and Penang, and is the native speech not only of Hong Kong and Macao but also of the majority of Chinese residents in Britain, Europe and the United States.

D1285774

TEACH YOURSELF BOOKS

CANTONESE

R. Bruce

TEACH YOURSELF BOOKS
Hodder and Stoughton

First printed 1970
Twelfth impression 1987

Copyright © 1970 edition
Hodder and Stoughton Ltd

All rights reserved. No part of this publication may be repro-
duced or transmitted in any form or by any means, electronic
or mechanical, including photocopy, recording, or any inform-
ation storage and retrieval system without permission in writing
from the publisher.

ISBN 340 26438 1

Printed in Great Britain for
Hodder and Stoughton Educational
a division of Hodder and Stoughton Ltd,
Mill Road, Dunton Green, Sevenoaks, Kent
by Richard Clay Ltd, Bungay, Suffolk

This volume is available in the USA from:
Random House, Inc.
201 East 50th Street, New York, NY 10022
ISBN 0–679–10386–4 in USA

PREFACE

THREE people deserve my deep gratitude for their help in writing this book. First I must thank my wife for typing the manuscript, for the tedious and meticulous business of tone-marking and for compiling the vocabulary. Secondly, there is Mr. A. J. V. Fletcher, my most distinguished student at the Language School in Kuala Lumpur, who read the complete text and made corrections and improvements. My third collaborator was Mr. Edmund C. S. Kam who gave advice on idiomatic usage and put the dialogues into Chinese characters.

CONTENTS

Preface v
Introduction 1

    The Cantonese Language 1
    Mandarin 2
    Written Chinese 2
    The Sounds and Spelling of Cantonese . . 3
    Method of Study 4
    Pronunciation 6
    The Tones 12

The Lessons

    1. Greetings 16
    2. Arrival 23
    3. Meeting People 31
    4. Getting About 40
    5. Street Scene 49
    6. Shopping 58
    7. Learning Chinese 68
    8. Lunch 78
    9. Interview 88
    10. Weather 97
    11. Friends and Relations 106
    12. Hong Kong 115
    13. Students Talking 124
    14. On the Telephone 134

15. Going to a Party 146
16. People 156
17. Work 164
18. Going for a Walk 173
19. A Train Journey 182
20. Housekeeping 190

Chinese Character Version of the Dialogues . . . 197
English-Cantonese Vocabulary 242

INTRODUCTION

The Cantonese Language

CANTONESE is one form or "dialect" of the Chinese language. It is spoken in the most south-easterly province of China, of which Canton is the capital. The word 'Canton' is a rather rough rendering by early European visitors of the name of the province, Kwangtung (Guangdong in Pin Yin, the official Chinese Government spelling), the city itself being to the Chinese Kwangchow (Guangzhou in Pin Yin spelling). The province of Kwangtung has a population of some fifty million, most of whom speak Cantonese as their mother tongue. There are other Chinese dialects in Kwangtung (Hakka, Hainanese and Ch'aochow) but most people who speak them can also speak and understand Cantonese.

Outside China Cantonese is by far the most widely-spoken form of the Chinese language. It is the native speech of Hong Kong (population 5 million) and of Macao. In Malaysia Cantonese is the most important form of Chinese among the 5 million people of Chinese race who live there. It is true that the Chinese of Singapore and Penang are mainly speakers of Hokkien but they also understand Cantonese. (Hokkien is the speech of Amoy and other places in south Fukien, the province adjoining Kwangtung to the north-east.) Cantonese dominates Chinese-speakers in Kuala Lumpur, Ipoh and Seremban. In Malaysia generally Cantonese has higher prestige and a wider currency than the other Chinese dialects. Most of the Chinese in Vietnam and Cambodia are Cantonese speakers. In Thailand they are few, the majority being Ch'aochow speakers. Their numbers are also small in the Philippines, Indonesia and Burma.

In Britain practically all the proprietors, waiters and cooks of the numerous Chinese restaurants are Cantonese speakers.

The same is true of a number of countries in western Europe. In the U.S.A. the Cantonese are by far the largest language community among the resident Chinese. This provides students in western countries with opportunities of hearing Cantonese from native speakers, an advantage much less available to students of Mandarin, the National Language of China.

Mandarin

The principal form or dialect of Chinese is Mandarin or Kuo-yü ('National Language')—or Potomghua (Common Language), as they call it in China. This is a form of Northern Chinese, particularly that spoken in the capital, Peking. Mandarin, with regional variations, is spoken over a very wide area of China, embracing about three-quarters of the population. Kuo-yü is the offical language for government and education, and modern Chinese is written in the National Language. However, it is estimated that there are more than 150 million people who speak dialects other than the northern form, most of them in the coastal region of south-east China, from Shanghai to the southern frontier, the provinces of Chekiang, Fukien and Kwangtung.

All Chinese dialects are basically very similar but they are not mutually intelligible. The south-eastern dialects, including Cantonese, have more complex sound systems than Mandarin. They retain many old features of the Chinese language which the northern speech has shed.

Written Chinese

This is a text-book for teaching yourself how to *speak* the Cantonese dialect of Chinese. There is a Chinese character version of the Dialogues but this is for a Cantonese-speaking Chinese to read aloud to you and give you the true sounds of the language. The characters in the Tone Drill are for the same purpose.

The written Chinese language is a much more formidable undertaking than the spoken. After a few months study of these lessons, only an hour a day, you should, with the opportunity of practice, be able to conduct simple conversations. It will take at least two years of *full-time* study to learn enough written Chinese to read the newspapers. Modern written Chinese is in the idiom of Mandarin. The Chinese version of the Dialogues in this book is exactly the same as the romanised form and thus contains vocabulary and usage which are not standard. However, students of written Chinese who are learning to speak Cantonese will find the character version of the Dialogues very useful.

The Sounds and Spelling of Cantonese

The real difficulty in learning to speak Cantonese, or any other form of Chinese, lies in the sounds. Chinese grammar is easy compared to any of the European languages. Nouns, pronouns and adjectives do not change according to number, gender or case. Verbs do not change according to tense or mood. In fact Chinese words do not change at all except for an occasional variation in the tone. In other words we have no problem like the German 'der', 'die', 'das' and the French 'le' and 'la', the English 'am', 'is', 'are' and the great complexities in the conjugation of regular and irregular verbs. In fact it is only the *tones* which are difficult for speakers of non-tonal languages. That is why it is *essential* for you to find a Cantonese-speaking Chinese, get him to read the Sound Tables and the Dialogues from the Chinese and imitate him with the greatest possible accuracy.

Chinese has far fewer sounds than English. For example there are no words with a group or cluster of consonants such as the first three letters of the word 'street'. No Chinese words end with f, l, s, sh, ch, r, or v. The comparative scarcity of sounds results in large numbers of words being very similar to each other or even exactly the same or differing only by the pitch of the voice, the Tones.

To write down, that is to spell, Cantonese words using the Roman alphabet we have tried to follow standard (R.P.) English pronunciation and spelling usage, bearing in mind, of course, that there are a great many inconsistencies in English spelling from the point of view of rendering the sound. Unlike English spelling this text spells consistently so that once you know the value or sound given to the letters or their combinations you should always pronounce them in that way. But the most infallible guide must be your ear, not your eye, and you must therefore *find your Cantonese speaker and record him if possible.*

In addition to the spelling there is the method of indicating the Tones. In this book we use marks above the vowels, each mark attempting to give a graphic or pictorial description of the tone it indicates. Thus the tone which is given in a high pitch and falls sharply is indicated by a grave accent, the middle rising tone is shown by an acute accent and so on. Even more than with the rendering of the a, b, c you must rely on a Cantonese-speaking Chinese for imitating and memorising words in their correct tone.

The faithful reproduction of vowel and consonant sounds and the tones is the one real problem of Chinese. By following the advice given in the next section, Method of Study, you can overcome this difficulty.

Method of Study

Here are nine rules to follow:

1. Acquaint yourself thoroughly with the sound values given to the letters of the alphabet and their combinations as shown in the section on Pronunciation. You will quickly become familiar with the system in reading the Lessons. When in doubt refer back to the table.

2. Repeat many, many times the Tone Table, from top to bottom, following the actual voice or a recording of a Cantonese speaker if at all possible.

3. Start reading Lesson 1 quite soon, even after your first reading of the Pronunciation and Tone Tables for practice in using these sounds as much as for the meaning of the material. Read it many times, particularly the Dialogues and the Drills. Before beginning a new lesson go through *all* the Dialogues of earlier Lessons from Lesson 1 up to the new Lesson. *Always* revert to the tables of sounds and tones before tackling new material at least for the first half dozen Lessons.

4. Read *aloud* and read *frequently* the Dialogues and Drills. You cannot do this too frequently. It may be a bore but it is the only way to acquire *fluency* and *accuracy*.

5. Study *every day*, preferably for an hour but even less if you cannot manage it. An hour *every day* is much better than three or four hours once or twice a week.

6. Aim at *fluency* not vocabulary. If you can *master* a fair number of basic patterns you can add vocabulary later. A lot of words are no use if you cannot use them.

7. *Control* your Tones. It is *unnatural* for speakers of languages like English to speak words with *fixed tones*. We constantly change or inflect the tones of words according to their position in a sentence or the emphasis we seek to use. With a few exceptions the Chinese tone remains unchanged. Therefore you must exercise vigilant *control* over the tone of each word you utter. This is difficult to begin with, much easier later. Mimic the native speaker.

8. *Practice in natural conversation*. Do this right away, even if you can only say 'Good morning'. Of course, you will be floored by the response of the Chinese speaker, all the more so if you say your little sentence perfectly as he will assume you have a good knowledge of the language. But

with real practice you will gain *confidence* after the initial set-backs.

9. *Do not translate.* As you read the Dialogues time after time you should look at the English side less and less. The Drills have no English, deliberately. The sections called More Practice are there to make you give responses to questions *in Cantonese* without the intervention of your own language.

Pronunciation

The letters of the Roman alphabet are used to render the sounds of Cantonese as follows:

Consonants

The following letters are pronounced as in English:

f h l m n s w y

The following, all used as initials, are pronounced differently from English usage:

b d g j

In English these letters are 'voiced'; the vocal chords vibrate when they are spoken. In Cantonese these letters are spoken without any 'voicing'. The 'unvoiced' equivalent of these letters in English are p, t, k and ch. If you close your ears and say the b, d, g and j sounds you will hear them buzzing in your head. Now say the p, t, k and ch sounds with your ears closed and you will scarcely hear anything; there were no vibrations of the vocal chords.

The Cantonese sounds which we indicate in this book by b, d, g and j are like neither of these sets of initials. They are not 'voiced' and, unlike the p, t, k and ch, they are not 'aspirated'. 'Aspiration' means the emission of a puff of breath after the initial letter. In English we have no 'unaspirated' initial p, t, k, and ch, but where the first three

—p, t and k—are preceded by an s the exact Cantonese sound is produced. Here are examples:

spin sting skin

If you say pin, tin and kin (and say them emphatically) you will notice that the p, t and k are followed by a puff of air whereas these letters when preceded by s emit no puff of air. They are 'unvoiced' and 'unaspirated'. Try to make these sounds by saying English words in which they occur, such as:

spy sky stye spoon stool schooner
span scan stand spot Scot stoat

Whenever you see in this book the letters b, d and g you must try to make the 'unvoiced', 'unaspirated' sound illustrated by these examples.

Why do we not use p, t and k to represent these sounds? Because this would tempt you to make an English p, t and k, i.e. 'aspirated' sounds which will distort the meaning completely. If you *do* make a 'voiced' b, d and g, as in English, this is a pity as it is not good Cantonese but at least the meaning will not be distorted and you will be understood.

And the letter j? This represents the same problem but the solution is different. The sound we want you to make is an unaspirated ch. This sound at the beginning of words in English is always aspirated, e.g. choose, cheese, church, etc. It is also aspirated when the final sound in such words as 'much', 'touch' and 'such'. The unvoiced, unaspirated sound represented in this book by j is found in the middle of words such as 'matching, 'catching', 'coaching', 'poaching'. All the j's in this book should have that sound, unvoiced and unaspirated. We have chosen j to render the sound for the same reason as we chose b, d and g; if you *do* make a voiced English j this will not be very good Cantonese but it will not distort the meaning.

Another initial consonant sound which does not occur in English is that represented by

ts

It is common as a final sound in English words, e.g. cats, rats, fits, hits, etc. It is just as easy to say in an initial position but you must be careful *not to aspirate*. Form the t, release no breath and follow with the s. There is no break between the t and the s, of course.

The following consonants as initials are pronounced as in English but with stronger aspiration:

p t k ch

The letters p, t and k also occur as finals. In these cases they differ from English as they are not exploded or aspirated. Take the three English words

sip sit sick

and notice that we say them with aspirated finals. It is easy to get the correct Chinese equivalent. In the first word, 'sip', the lips remain closed after saying it. In the case of 'sit' and 'sick' the letters are formed in the normal English way and then stopped short; no breath is emitted.

There is one other initial consonant sound which does not occur in that position in English, namely

ng

This sound occurs in English in the middle and at the end of words such as sing, ring, singing, ringing, etc. Some people find it hard to make this initial sound. Practice by saying the English words and dropping the sound before the ng. A good trick is to say 'Singing and dancing' and attach the second syllable of 'singing' to the word 'and' which follows.

To sum up:

All consonants are pronounced as in English except:

1. b, d, g, j which are unvoiced in Cantonese.
2. ts which is unaspirated and occurs as an initial sound.
3. p, t, k, ch which are more strongly aspirated than in English.
4. p, t, k which as finals are not aspirated.
5. ng which is pronounced as the equivalent middle sound in English.

Vowels

Almost all Cantonese vowel sounds are easy to English-speakers. Here is a list showing how vowels, singly and in groups, should be pronounced in this book.

a	as in 'father'; used alone, as an initial and a final.
aa	the same as 'a'; used between consonants. It is doubled to help you to avoid the English 'a' in words like 'man', 'fan'.
a	between consonants; a sound between 'a' in 'ban' and 'u' in 'bun'.
ai	as in 'high' but shorter.
aai	as in 'aisle'. Open your mouth.
au	as in 'how', 'cow'.
aau	as in 'how' but much longer. Open your mouth.
aw	as in 'awful'.
ay	as in 'say'.
e	as in 'send' but longer and more open.
ee	as in 'seen' or 'see'.
eong	the 'e' as in 'send' and the 'ong' as in 'song'.
i	as in 'sick'.
iu	no exact equivalent. Equals ee plus oo.

o	as in 'on', 'rock' when initial or middle letter.
	as in 'go', 'no' when final but a purer vowel than in English.
oo	as in 'too', 'zoo' or 'woo' when final and in words ending with 'ng' but not quite so long.
	as in 'look', 'book' in words ending in 'k'.
oei	as in French 'oeil' (eye).
ooi	as in slang 'hooey'.
oy	as in 'boy'.
u	as in 'sun', 'run'.
ue	as in French 'une'.
uh	no English equivalent; a sound between oo and u.

Pronunciation Practice

Repeat these sounds many times, if possible after a Cantonese-speaker (for whom the Chinese characters are given). The tones are not important at this stage.

Consonants

b, d, g	unvoiced, unaspirated initials like the p, t and k in 'spy', 'stye' and 'sky'.

baw 波 bing 兵 booi 杯 ba 把 baw 播 bay 比 bong 邦 beng 病 baak 白 baat 八 buk 北 daw 多 da 打 daai 大 doong 東 dong 當 ding 定 deen 電 dang 等 do 都 dee 啲 deng 釘 duk 德 go 高 ga 家 gay 械 ging 京 gong 江 goong 工 geen 見 geem 劍 geet 結 gaam 鑑 gaan 簡 gaw 個

j	unvoiced, unaspirated like the ch in 'coaching'

joong 中 ja 揸 jee 知 jaw 助 jun 鎮 jau 周 je 遮 jing 靜 jue 住 juen 轉 jaan 贊 jaam 站

ts	as in 'cats' but *unaspirated*.

tsai 仔 tsee 字 tso 做 tsoy 再 tsuk 側 tsaw 左

p, t, k, ch   all strongly aspirated.

> pa 怕 pay 皮 peng 平 ping 乒 paang 朋 poon 潘
> ting 停 taai 太 ta 他 tong 湯 toong 通 to 滔
> king 傾 kay 企 kum 襟 kau 求 kung 窮
> ching 清 chee 雌 che 車 choong 冲 cha 茶 cho 曹

p, t, k   as finals unexploded, unaspirated.

> yat 一 laat 辣 baat 八 but 不 faat 法 gut 桔
> yap 入 sup 十 hup 合 lup 立 deep 碟 ap 鴨
> sik 食 lik 力 duk 得 baak 百 ook 屋 lok 落

ng   an initial, like the ng in 'singing'.

> ngaw 我 ngaam 岩 ngai 偽 ngan 銀 ngon 岸

Vowels

   English
   or French
   equivalent

a	father	a 亞 ma 媽 da 打 an 晏 ap 鴨
aa	father	saan 山 maan 萬 faan 番 daan 但 baan 班
ai	high	hai 係 lai 嚟 mai 米 tai 睇 gai 雞
aai	aisle	taai 太 faai 快 gaai 街 saai 晒 maai 買
au	cow	yau 有 gau 舊 jau 周 tau 頭 lau 樓
aau	cow, but longer	gaau 教 baau 包 haau 校 ngaau 咬 kaau 靠
aw	awful	ngaw 我 faw 火 saw 梳 gaw 哥 jaw 佐
ay	say	lay 離 say 四 may 未 day 地 nay 你 fay 肥
e	send	meng 名 che 車 peng 平 leng 靚 ye 嘢
ee	see	teen 天 meen 面 see 詩 jee 知 nee 呢 seen 仙
i	sick	lik 力 sik 食 ming 明 ching 清 dik 的 tsik 直
iu	ee oo	yiu 要 miu 妙 giu 叫 siu 笑 tiu 跳 kiu 橋
o	on, rock	lok 落 gwok 國 on 安 ok 惡 bok 薄
o	go	ho 好 go 高 lo 路 mo 武 bo 保 so 蘇
oei	oeil	koei 佢 noei 女 hoei 去 soei 歲 choei 除

oo	too	woo 胡 foo 富 joong 中 loong 龍 toong 同
oo	look	dook 讀 look 六 fook 福 sook 叔 yook 沃
ooi	hooey	wooi 滙 pooi 配 booi 杯 mooi 妹
oy	boy	noy 耐 toy 胎 choy 啋 oy 愛 ngoy 外
u	sun	mun 蚊 sun 新 fun 芬 sup 濕 duk 得 but 不
ue	une	yue 魚 jue 住 shue 書 shuen 船 luen 亂
uh	—	suhn 信 luhn 論 yuhn 潤 chuhn 秦

The Tones

The word 'tong' when pronounced in a high falling pitch means 'soup', in a middle level pitch means 'to iron' and in a low falling pitch it means 'sugar'. This shows the importance of tones. There are seven tones in Cantonese but two can be and are used interchangably so that we can limit the number to six. Here they are. The symbols or marks seek to indicate the pitch and movement of each one.

1. High Falling. \ The grave accent slopes downwards.

   We make a High Falling tone in English when we give an order sharply, for example in drilling soldiers: 'one! two! three!'. The tone with which this one is interchanged is the High Level which does not fall but maintains its high pitch.

2. Middle Rising. / The acute accent rises.

   This tone starts in the normal or dominant pitch and then rises. When expressing surprise or doubt we often make a Middle Rising tone. Say 'Oh?' in this manner.

3. Middle Level. — The straight line is level.

   Pronounced in normal pitch and maintained, neither rising nor falling.

4. Low Falling. ∨ The ∨ points downwards.

   Pronounced in the lowest pitch with the voice falling as in a sigh.

5. **Low Rising.** ∪   Spoken in a low pitch, falling and then
   The ∪ goes   rising.
   down and up.

6. **Low Level.** =   Spoken in a low pitch, maintained,
   The double   neither rising nor falling.
   line is level.

Here is a chart showing the relative pitch and movement
of the tones.

		High falling	Middle rising	Middle level	Low falling	Low rising	Low level
High	1	Ho		o			
	2	o		o			
	3		o	o			
Middle	4		o	Ho	Ho-o-o		o
	5					Ho	o
	6						o
Low	7						Ho-o-o
	8				Ho		
	9					o	

Here is the six-tone table. Read aloud from top to bottom.
Read many times until you have fixed them in your
memory like a little jingle or tune. Get a Cantonese speaker
to read the columns of characters downwards. Record him
if possible. Speak each word loudly and clearly. Once you
have memorised the six-tone table perfectly you will have
the measuring-rod for the tones of all the words you use.

Table 1

High Falling	sèe 司	fùn 分	wài 威	yèe 衣
Middle Rising	sée 史	fún 粉	wái 委	yée 椅
Middle Level	sēe 試	fūn 訓	wāi 畏	yēe 意
Low Falling	sĕe 時	fŭn 焚	wăi 爲	yĕe 而
Low Rising	sĕe 市	fŭn 奮	wăi 偉	yĕe 以
Low Level	sēe 事	fūn 份	wāi 謂	yēe 易

Words ending in p, t, k are always spoken in level tones. Read aloud the following Table from left to right and from top to bottom.

Table 2

High Level	dùk 得	fùt 忽	kùp 級
Middle Level	gwōk 國	fāat 法	dāap 答
Low Level	dūk 特	fūt 佛	yāp 入

We have, of course, given the High Falling mark to the three High Level words in this table. The sound is a high, abrupt or clipped tone, often rendered when we use the slang for 'yes'—yup!, spoken with emphasis. The Middle Level words are usually longer, more drawn out, before they come to their abrupt ending with unexploded p, t, k. The Lower Level is a very short, abrupt sound spoken in the lowest pitch.

After memorising the six tones and the symbols which indicate them, try reading Lesson 1 for tone practice. Read each sentence slowly at first, then at natural speed. Correct pronunciation in the first lessons is vital.

Variant Tones

Some words are frequently spoken in a tone other than their original tone. When this occurs we call it a Variant Tone. The commonest and therefore the most important change is that from Middle Level, Low Level and Low Falling to Middle Rising. In these cases the word is marked with its original tone and an asterisk. A succession of High Fallings will change to High Level in the words after the first but this need not be indicated because the change is automatic and in any case High Falling and High Level are frequently interchanged. It is because of this last point that we have not devised a special symbol for the High Level. One or two other tone changes occur but they are

infrequent and need not bother the student in this introduc-
tion to Cantonese. You must, however, take note of the
asterisk and render all words marked in this way as Middle
Rising tones.

GREETINGS

1. Wǒng sèen-sàang, tsó   Good morning, Mr. Wong.
   sǔn.
2. Hǎw sèen-sàang, tsó   Good morning, Mr. Haw.
   sǔn. Gáy hó mā?   How are you?
3. Gáy hó, nǎy nè? Nǎy   Quite well, and you? Have
   sǐk-jáw fāan mǎy?   you had your meal yet?
4. Sǐk-jáw, m̀-gòy. Nǎy nè?   Yes, thank you. Have you?
5. Ngǎw sǐk-jáw, m̀-gòy.   Yes, thank you.
6. Nèe-wāi* hāi Lǎy sèen-   This gentleman is Mr. Lee.
   sàang. Kǒei hāi hōk-   He is a student.
   sàang.
7. Lǎy sèen-sàang, nǎy hāi   Are you an Englishman,
   m̀-hāi Yìng-gwōk-yǎn?   Mr. Lee?
8. Hāi, ngǎw hāi Yìng-   Yes, I am English.
   gwōk-yǎn.
9. Lǎy sèen-sàang hāi hōk-   You are a student, Mr. Lee.
   sàang. Nǎy hōk mùt-   What are you studying?
   yě?
10. Ngǎw hōk góng-Gwóng-   I am learning to speak
    dòong-wā*.   Cantonese.
11. Lǎy sèen-sàang sǐk-jáw   Have you had your meal yet,
    fāan mǎy?   Mr. Lee?
12. Sǐk-jáw, m̀-gòy.   Yes, thank you.

Vocabulary

1. dāi-   prefix to make ordinal numbers.
2. yàt   one; 'dāi-yàt' first.

3. fāw   lesson.
4. Wŏng   a surname.
5. sèen-sàang   Mr.; teacher.
6. tsó sŭn   good morning.
7. Hăw   a surname.
8. gáy   quite, fairly; how?
9. hó   good, well.
10. mā   a question particle.
11. năy   you (singular).
12. sīk   to eat.
13. -jáw   verb suffix to make past tense.
14. fāan   cooked rice, food, a meal.
15. māy   not yet.
16. m̀-gòy   thank you, please. (lit. 'not ought').
17. ngăw   I, me.
18. nèe-   this.
19. wāi*   polite classifier for person.
20. hāi   is, are; yes.
21. Lăy   a surname.
22. kŏei   he, she.
23. hōk-sàang   a student.
24. m̀   the negative particle.
25. Yìng-gwōk   England.
26. yăn   man, person, classifier 'gāw'.
27. hōk   to learn, to study.
28. mùt-yĕ?   what?
29. góng   to speak, to talk.
30. Gwóng-dòong   the Chinese province of Kwangtung.
31. wā*   language, to say, to speak. Gwóng-dòong-wā*
    Cantonese.

Notes

1. *Each Lesson is Numbered.* The ordinal numbers 'first', 'second', 'third', etc., are formed by putting the prefix 'dāi' before the number. Thus: 'dāi-yàt fāw'—'first lesson'.

2. *Sentence 1 and Others.* In Chinese the title comes after the surname. 'Sèen-sàang' literally means 'first born' and is a fairly close equivalent to 'Mr.'. It can also mean 'teacher', male or female.

3. *Questions.* Five question forms are introduced, namely:

(*a*) With final particle 'mā?'.
        Examples: Gáy hó mā?
                      Năy hāi hōk-sàang mā?
                      Năy hāi Yìng-gwōk-yăn mā?
Questions of this kind expect the answer 'yes'.

(*b*) With final particle 'nè?'.
        Examples: Năy nè?
                      Lăy sèen-sàang nè?

A statement has already been made about someone, as in Sentence 2, and now the matter is raised in regard to another person. Thus, in the two examples: 'And what about you?' and 'And Mr. Lee, what about him?'.

(*c*) 'Yet' questions ending with 'māy'.
        Examples: Năy sīk-jáw fāan māy?
                      Kŏei sīk-jáw fāan māy?

This type of question is a little difficult for Lesson 1 but it is introduced here as the greeting which uses it is so common. 'Māy' in a statement means 'not yet' but in its question position after a verb in the past tense it contains the meaning 'or have you not yet?'. The example has thus the implied form 'You have eaten your rice or you have not eaten?'. It is, therefore, much the same in structure as the next type of question.

(*d*) 'Yes or no' questions.
        Examples: Năy hāi m̀-hāi Yìng-gwōk-yăn?
                      Kŏei hāi m̀-hāi hōk-sàang?

We will find that the same simple form is found with adjectives and adverbs as well as with verbs.

(e) 'What?' questions.
      Examples: Năy hōk mùt-yĕ?
                Kŏei sīk mùt-yĕ?

Unlike English the 'what?' word comes at the end of the sentence but it is a very simple form.

4. *Classifiers.* Almost all Chinese nouns have Classifiers. 'Head' of cattle, 'flock' of sheep are rough equivalents to classifiers but in European languages there is no real parallel. In the dead 'language' Pidgin English which used to exist in commerce on the coast of China a classifier was invented serving all nouns, thus 'one piece man', 'one piece table', 'one piece book', etc. Some Chinese classifiers indicate the shape of the object which they classify. In a language where many nouns have the same or similar sound this is a great help in distinguishing meaning.

In Sentence 6 we have our first Classifier, 'wāi*' a polite one for persons. The common one is 'gāw', giving 'nèe-gāw hōk-sàang' (this student) and 'yàt gāw hōk-sàang' (one student).

5. *Transliterations.* There are very few 'loan' words from other languages in Chinese. When a foreign personal or place name is rendered it does, of course, follow the original sound in some manner as in Sentence 7 with the word for England—'Yìng-gwōk', the first syllable being an attempt at the 'eng' sound followed by the word for country or nation. The words chosen in these cases usually have a complimentary meaning, thus:
      Yìng-gwōk means 'hero country'.
      Măy-gwōk, the word for America, means 'beautiful country'.

Fāat-gwōk, France, means 'law country'. (In Mandarin Fa-guo, 'fa' being the first syllable of France with the awkward 'r' omitted.

China herself is 'Jòong-gwōk', the 'Middle Country'.

6. *Variant Tones.* There are two examples in this Lesson, 'wāi*' in nèe-wāi*' in Sentence 6, and 'wā̄*' in Sentence 10. Here, as in most cases, the tone goes from Low Level to Middle Rising. This is an awkward complication of a difficult problem for the learner of Chinese but you must try hard to overcome it.

Drill

  I. Statements with 'hāi', the verb 'to be'.

1. Ngǎw hāi Yìng-gwōk yǎn.
2. Lǎy sèen-sàang hāi Yìng-gwōk yǎn.
3. Hōk-sàang hāi Yìng-gwōk yǎn.
4. Wǒng sèen-sàang hāi Gwóng-dòong yǎn.
5. Hǎw sèen-sàang hāi Gwóng-dòong yǎn.
6. Wǒng sèen-sàang hāi sèen-sàang.
7. Kǒei hāi hōk-sàang.
8. Nǎy hāi hōk-sàang.
9. Ngǎw hāi hōk-sàang.

  II. m̌-hāi, the verb 'to be' in the negative.

1. Ngǎw m̌-hāi hōk-sàang.
2. Kǒei m̌-hāi hōk-sàang.
3. Nǎy m̌-hāi hōk-sàang.
4. Kǒei m̌-hāi Yìng-gwōk yǎn.
5. Ngǎw m̌-hāi Gwóng-dòong yǎn.
6. Wǒng sèen-sàang m̌-hāi hōk-sàang.
7. Hǎw sèen-sàang m̌-hāi hōk-sàang.
8. Ngǎw m̌-hāi sèen-sàang.

III. Questions and answers with 'hāi m̄-hāi?'.

1. Năy hāi m̄-hāi Yìng-gwōk yăn? Hāi, ngăw hāi
   Yìng-gwōk yăn.
2. Kŏei hāi m̄-hāi hōk-sàang? Hāi, kŏei hāi hōk-sàang.
3. Năy hāi m̄-hāi Gwóng-dòong yăn? Hāi, ngăw hāi
   Gwóng-dòong yăn.
4. Năy hāi m̄-hāi sèen-sàang? M̄-hāi, ngăw hāi
   hōk-sàang.
5. Lăy sèen-sàang hāi m̄-hāi Gwóng-dòong yăn?
   M̄-hāi.
6. Wŏng sèen-sàang hāi m̄-hāi Yìng-gwōk yăn?
   M̄-hāi, kŏei hāi Gwóng-dòong yăn.

IV. Questions with final word 'mā?'.

1. Kŏei hāi hōk-sàang mā? Hāi, kŏei hāi hōk-sàang.
2. Wŏng sèen-sàang hāi Yìng-gwōk yăn mā? M̄-hāi,
   kŏei hāi Gwóng-dòong yăn.
3. Năy hāi Yìng-gwōk yăn mā? Hāi.
4. Nèe-wāi* hāi hōk-sàang mā? M̄-hāi, kŏei hāi
   sèen-sàang.
5. Hăw sèen-sàang hāi sèen-sàang mā? Hāi, kŏei
   hāi sèen-sàang.

V. First examples of a 'yet' question, with answers.

1. Năy sīk-jáw fāan māy? Sīk-jáw, m̄-gòy.
2. Lăy sèen-sàang sīk-jáw fāan māy? Māy.
3. Wŏng sèen-sàang sīk-jáw fāan māy? Kŏei sīk-jáw
   fāan.

VI. Questions with 'mùt-yĕ' and answers.

1. Năy hōk mùt-yĕ? Ngăw hōk góng Gwóng-dòong
   wā*.
2. Kŏei hōk mùt-yĕ? Kŏei hōk Yìng-gwōk wā*.

3. Lăy sèen-sàang hōk mùt-yĕ?   Kŏei hōk Gwóng-dòong wā*.
4. Năy góng mùt-yĕ?   Ngăw góng Yìng-gwōk wā*.
5. Wŏng sèen-sàang góng mùt-yĕ?   Kŏei góng Gwóng-dòong wā*.
6. Năy sīk mùt-yĕ?   Ngăw sīk fāan.
7. Wŏng sèen-sàang sīk mùt-yĕ?   Kŏei sīk fāan.
8. Lăy sèen-sàang sīk mùt-yĕ?   Kŏei sīk fāan.

More Practice

Read aloud and answer the following questions. The answers should be given in full form as in the first example.

1. Năy hāi m̆-hāi Yìng-gwōk yăn?   Hāi, ngăw hāi Yìng-gwōk yăn.
2. Lăy sèen-sàang hāi m̆-hāi Yìng-gwōk yăn?
3. Wŏng sèen-sàang hāi m̆-hāi hōk-sàang?
4. Năy hōk mùt-yĕ?
5. Lăy sèen-sàang hōk mùt-yĕ?
6. Kŏei góng mùt-yĕ?
7. Hăw sèen-sàang sīk mùt-yĕ?
8. Năy sīk-jáw fāan măy?
9. Wŏng sèen-sàang sīk-jáw fāan măy?
10. Lăy sèen-sàang sīk-jáw fāan măy?
11. Năy hāi hōk-sàang mā?
12. Gáy hó mā?
13. Kŏei hāi Yìng-gwōk yăn mā?
14. Wŏng sèen-sàang sīk-jáw fāan. Năy nè?
15. Kŏei hāi Yìng-gwōk yăn. Năy nè?

ARRIVAL

1. Năy yău mŏ fŏng*?   Have you any rooms?
2. Yău. Năy-dāy gáy-dàw   Yes, how many are you?
   gāw yăn?
3. Ngăw-dāy lĕong gāw   We are two.
   yăn.
4. Năy-dāy hāi m̆-hāi   Are you Americans?
   Mǎy-gwōk yăn?
5. M̆-hāi, ngăw-dāy hāi   No, we are English.
   Yìng-gwōk yăn.
6. Năy-dāy gáy-sĕe lăi   When did you come to
   Heòng Góng?   Hong Kong?
7. Ngăw gùm-yāt lăi.   I came today. My friend
   Ngăw-gē păang-yău   came yesterday.
   chŭm-yāt lăi.
8. Năy yīu jūe gáy-nōy?   How long do you want to
                            stay?

9. Lăw sèen-sàang yīu jūe   Mr. Law wants to stay one
   yàt yāt. Kŏei tìng-yāt   day. He's going to Singapore
   hōei Sìng-gā-bàw.   tomorrow. I want to stay
   Ngăw yīu jūe sàam yāt.   three days.
10. Hó là. Nèe-dō yău yàt   All right. Here's one room
    gàan fŏng*, gáw-dō yău   and there's one. Both are
    yàt gàan. Lĕong gàan   very nice.
    dò hó lēng.
11. M̆-gòy.   Thank you.

Vocabulary

1. yēe   two; dāi-yēe second.
2. yău   to have; there is, are.
3. mŏ   not to have, there isn't any.
4. fŏng*   a room; (*clf.* 'gàan').
5. -dāy   suffix to pronouns to make them plural.
6. gáy-dàw?   how many, much?
7. lĕong   two, a couple.
8. Măy-gwōk   America.
9. gáy-sĕe? (gáy-sĕe*?)   when?
10. lăi   to come.
11. Hèong Góng   Hong Kong (*lit.* 'fragrant harbour').
12. gùm-yāt   today.
13. -gē   possessive suffix.
14. păang-yău   a friend (*clf.* 'gāw').
15. Lăw   a surname.
16. chŭm-yāt   yesterday.
17. yīu   to want, need, wish.
18. jūe   to stay, dwell.
19. nōy   long (of time). gáy-nōy? (gáy-nōy*?) how long?
20. tìng-yāt   tomorrow.
21. hōei   to go.
22. Sìng-gā-bàw. (sometimes Sìng-gà-bàw.)   Singapore.
23. sàam   three.
24. là   final particle.
25. nèe-dō̄   here (*lit.* this way).
26. gáw-dō̄   there (*lit.* that way).
27. dò   all, both, also.
28. lēng   pretty, handsome, nice.
29. hó   very, same word as in Lesson 1, Vocabulary 9.

Notes

1. 'Yău mŏ' questions. These are in the same form as the 'yes or no'—'hāi m̆-hāi?'—questions in Lesson 1. 'Yău mŏ?' can be translated literally 'have not have?' or, in

some contexts 'there are there aren't?'. 'Yău' can render the English 'have' and 'mŏ' 'not have' as, for example:

Ngăw yău hōk-sàang. I have students.
Ngăw mŏ hōk-sàang. I haven't any students.

'Yău' and 'mŏ' can also express 'there are', 'there aren't' as in:

Nèe-dō yău hōk-sàang. There are students here.
Nèe-dō mŏ hōk-sàang. There aren't any students here.

And in the question form:

Nèe-dō yău mŏ hōk-sàang? Are there any students here?
Yău. Yes, there are.
Mŏ. No, there aren't.

2. Questions with 'gáy-'. In this Lesson there are the three most useful instances of this compound:

gáy-dàw? how many? (how much?).
gáy-sĕe? when?
gáy-nōy? how long?

'Gáy-?' translates nicely into 'how?' in the first and third examples but not so well in the second where it would read literally 'how time?'. However, the meaning is clear and in any event we should *not translate* from one language to another in learning a new one.

'Gáy-dàw?' is usually, not always, followed by a classifier, e.g.

gáy-dàw gāw yăn? yàt gāw.
gáy-dàw gāw hōk-sàang? lĕong gāw.
gáy dàw gàan fŏng*? sàam gàan.

'Gáy-sĕe?' is always a question and cannot be used for 'when' as in 'when I was a student'. We will come to this later.

'Gáy-nōy?' means 'how long?' of time only, not distance.

3. 'Lĕong' is always the word used for expressing 'two' objects of any kind. 'Yēe' is used in the ordinal—'second'—and in all higher numbers, 12, 20, 22, 32, etc.

4. Where the tense is clear from context as in Sentences 6, 7 and 9, Chinese verbs do not require a suffix (like '-jáw') or other device to indicate time.

5. 'Today', 'tomorrow' and 'yesterday'. These 'time when' words—'gùm-yāt', 'tìng-yāt', 'chŭm-yāt'—almost always come before the verb, the opposite of English usage. The first part of 'chŭm-yāt' is pronounced exactly the same as the English word 'chum', the colloquial usage for 'friend'.

There are two other words for 'yesterday' but 'chŭm-yāt' is the most common.

6. The possessive suffix '-gē' is like the English ' 's' as in:

> Lăy sèen-sàang-gē păang-yău.
> Mr. Lee's friend.

It is also attached to pronouns:

> ngăw-gē păang-yău.
> năy-gē sèen-sàang.
> kŏei-gē hōk-sàang.

7. Only the personal pronouns add a suffix to indicate plural—'ngăw-dāy', 'năy-dāy', 'kŏei-dāy'. The plural in all other nouns can be told by context—'sàam gāw yăn', 'lĕong gàan fŏng*', 'hó dàw hōk-sàang', etc.

8. In the last part of Sentence 10 it will be noticed that there is no verb 'to be'. Here are one or two other examples of this very simple usage:

> Hèong Góng hó lēng.
> Nèe-gāw hōk-sàang hó lēng.
> Gáw-gàan fŏng* hó lēng.

The verb 'to be' is also omitted in Sentences 2 and 3. It could have been used but where the sense is quite clear Chinese prefers to economise in the use of words.

Drill

I. 'Yău mŏ . . .?' 'Have you . . .?', 'Are there any . . .?'.

1. Năy yău mŏ fŏng*? Yău, ngăw yău yàt gàan.
2. Nèe-dō yău mŏ hōk-sàang? Mŏ, nèe-dō mŏ hōk-sàang.
3. Gáw-dō yău mŏ hōk-sàang? Yău, gáw-dō yău lĕong gāw.
4. Wŏng sèen-sàang yău mŏ hōk-sàang? Kŏei mŏ hōk-sàang.
5. Lăy sèen-sàang yău mŏ sèen-sàang? Yău, kŏei yău yàt gāw.
6. Năy yău mŏ păang-yău? Mŏ, ngăw mŏ păang-yău.

II. 'Gáy-dàw?' 'How many?' 'How much?'.

1. Gáy-dàw gāw yăn? Yàt gāw yăn.
2. Gáy-dàw gāw hōk-sàang? Lĕong gāw.
3. Gáy-dàw gāw sèen-sàang? Sàam gāw sèen-sàang.
4. Gáy-dàw gāw Yìng-gwōk yăn? Yàt gāw.
5. Gáy-dàw gāw Măy-gwōk yăn? Lĕong gāw.
6. Năy-dāy gáy-dàw gāw yăn? Ngăw-dāy sàam gāw yăn.
7. Kŏei-dāy gáy-dàw gāw yăn? Kŏei-dāy lĕong gāw yăn.

III. 'Gáy-sĕe?' 'When?'.

1. Năy gáy-sĕe lăi? Ngăw gùm-yāt lăi.
2. Kŏei gáy-sĕe lăi? Kŏei chŭm-yāt lăi.
3. Lăy sèen-sàang gáy-sĕe hōei? Kŏei tìng-yāt hōei.

4. Năy gáy-sĕe hōei Hèong Góng? Ngăw tìng-yāt hōei.
5. Kŏei gáy-sĕe hōei Sìng-gā-bàw? Kŏei gùm-yāt hōei.
6. Wŏng sèen-sàang gày-sĕe lăi Hèong Góng? Kŏei gùm-yāt lăi.

IV. 'Gáy-nōy?' 'How long?' (of time).

1. Năy yīu jūe gáy-nōy? Ngăw yīu jūe lĕong yāt.
2. Năy lăi-jáw gáy-nōy? Ngăw lăi-jáw sàam yāt.
3. Lăy sèen-sàang hōei-jáw gáy-nōy? Kŏei hōei-jáw yàt yāt.
4. Năy lăi-jáw Hèong Góng gáy-nōy? Ngăw lăi-jáw lĕong yāt.
5. Hăw sèen-sàang lăi-jáw gáy-nōy? Kŏei lăi-jáw lĕong yāt.
6. Kŏei-dāy lăi-jáw gáy-nōy? Sàam yāt.
7. Wŏng sèen-sàang yīu jūe gáy-nōy? Kŏei yīu jūe yàt yāt.

V. '-gē', the possessive suffix.

1. Kŏei hāi ngăw-gē păang-yău.
2. Ngăw hāi kŏei-gē păang-yău.
3. Năy hāi ngăw-gē păang-yău.
4. Wŏng sèen-sàang hāi ngăw-gē sèen-sàang.
5. Nèe-gàan fŏng* hāi ngăw-gē.
6. Gáw-gàan fŏng* hāi năy-gē.
7. Kŏei-dāy hāi ngăw-gē păang-yău.
8. Ngăw-dāy hāi kŏei-gē hōk-sàang.

Make all the above into 'hāi m̆-hāi?' questions and answer them.

VI. Questions with the verb 'yīu', 'to want', 'need'.

1. Năy yīu m̌-yīu sīk fāan? Yīu, ngăw yīu sīk
   fāan.
2. Kŏei yīu m̌-yīu jūe nèe-dō? Kŏei m̌-yīu.
3. Năy yīu m̌-yīu lăi? Yīu, ngăw yīu lăi.
4. Kŏei yīu m̌-yīu hōei Sìng-gā-bàw? Yīu, kŏei
   yīu hōei.
5. Năy yīu m̌-yīu hōk Gwóng-dòong-wā*? Yīu,
   ngăw yīu hōk.

VII. Adjective-without-verb sentences.

1. Kŏei hó lēng.
2. Nèe-gàan fŏng* hó lēng.
3. Gáw-gàan fŏng* m̌-lēng.
4. Hèong-Góng hó lēng.
5. Nèe-dō m̌-lēng.
6. Gáw-dō lēng m̌-lēng? Hó lēng.
7. Kŏei lēng m̌-lēng? Kŏei hó lēng.
8. Nèe-gāw hōk-sàang hó m̌-hó? Kŏei hó hó.
9. Gáw-gāw hōk-sàang hó m̌-hó? Kŏei m̌-hŏ.

VIII. 'dò' meaning 'both', 'all' and 'also'.

(a) 'Both'.
   1. Lĕong gāw hōk-sàang dò hó.
   2. Lĕong gāw dò hāi Yìng-gwōk yăn.
   3. Lĕong gàan fŏng* dò hó lēng.
   4. Lĕong gāw hōk-sàang dò hāi Măy-gwōk yăn.

(b) 'All'.
   1. Kŏei-dāy sàam gāw dò hāi hōk-sàang.
   2. Sàam gāw hōk-sàang dò hāi Yìng-gwōk yăn.
   3. Ngăw-dāy sàam gāw dò hāi Măy-gwōk yăn.
   4. Năy-dāy sàam gāw dò hāi sèen-sàang.

(c) 'Also', 'too'.

1. Ngăw dò hāi hōk-sàang.
2. Kŏei dò hāi Măy-gwōk yăn.
3. Lăy sèen-sàang dò hāi Yìng-gwōk yăn.
4. Ngăw dò hōei.
5. Ngăw tìng-yāt dò hōei.
6. Wŏng sèen-sàang dò lăi.
7. Kŏei dò hāi sèen-sàang.
8. Ngăw dò yău yàt gàan fŏng*.
9. Kŏei dò yău hōk-sàang.
10. Năy dò yău yàt gāw sèen-sàang.

More Practice

Read aloud and then answer the following questions:

1. Năy gáy-sĕe lăi?
2. Lăy sèen-sàang gáy-sĕe lăi?
3. Wŏng sèen-sàang gáy-sĕe hōei?
4. Năy gáy-sĕe hōei Hèong Góng?
5. Năy yău mŏ fŏng*?
6. Lăy sèen-sàang yău mŏ fŏng*?
7. Nèe-dō yău mŏ hōk-sàang?
8. Gáw-dō yău mŏ yăn?
9. Nèe-dō yău gáy-dàw gāw hōk-sàang?
10. Gáw-dō yău gáy-dàw hōk-sàang?
11. Năy yău gáy-dàw gàan fŏng*?
12. Lăw sèen-sàang yău gáy-dàw gàan fŏng*?
13. Nèe-wāi* hāi m̆-hāi Yìng-gwōk yăn?
14. Gáw-wāi* hāi m̆-hāi Măy-gwōk yăn?
15. Năy-dāy hāi m̆-hāi hōk-sàang?
16. Kŏei hāi m̆-hāi sèen-sàang?
17. Năy lăi-jáw gáy-nōy?
18. Kŏei lăi-jáw gáy-nōy?
19. Năy sīk-jáw fāan măy?
20. Kŏei lăi-jáw măy?

MEETING PEOPLE

1. Chéng mūn năy gwāi sīng?

   May I ask your name?

2. Ngăw sīng Lăy. Năy nè?

   My name is Lee. And yours?

3. Ngăw sīng Jèong. Năy lăi-jáw Hèong Góng gáy-nōy?

   My name is Jeong. How long have you been in Hong Kong?

4. Ngăw lăi-jáw sāy yāt.

   Four days.

5. Èi-yā! Sāy yāt! Năy sìk góng Jòong-gwōk wā*?

   Goodness! Four days! And you can speak Chinese?

6. Síu síu.

   Just a little.

7. Năy lăi Hèong Góng tsō sàang-yēe, hāi mā?

   You've come to Hong Kong on business, have you?

8. M̆-hāi, ngăw lăi dōok-shùe.

   No, I've come to study.

9. Năy lăi dōok mèe-yĕ shùe?

   To study what?

10. Ngăw lăi dōok Jòong-mŭn, hōk góng Gwóng-dòong wā*. Bèen-gāw lăi?

    To study Chinese and learn to speak Cantonese. Who is coming?

11. Hāi ngăw-gē tāai-tāai* tŏong-măai ngăw-dāy sāi-mùn-tsái. Nèe-wāi* hāi Lăy sèen-sàang.

    It's my wife with our children. This is Mr. Lee.

12. Jèong tāai-tāai* sìk góng Yìng-mŭn mā? — Do you speak English, Mrs. Jeong?

13. Ngăw m̀-sìk góng; ngăw sìk tèng síu síu. — I can't speak English; I can understand a little.

14. Năy-dāy hái bèen-shūe jūe? — Where do you live?

15. Ngăw-dāy hái Gáu-lŏong jūe. Năy nè? — We live in Kowloon. And you?

16. Ngăw hái Wàan-tsái jūe. — I live in Wanchai.

17. Èi-yā! Ngăw-dāy yīu fàan-hōei sìk fāan là. Tsōy gēen. — I say! We must go back for dinner. Goodbye.

18. Tsōy gēen. — Goodbye.

Vocabulary

1. chéng   to invite; please.
2. mūn   to ask.
3. gwāi   honourable; dear, expensive.
4. sīng   surname.
5. Jèong   a surname.
6. sāy   four.
7. èi-yā!   expression of surprise.
8. sìk   to know how to; to know.
9. Jòong-gwōk   China (*lit.* Middle Nation).
10. síu   a little.
11. tsō   to do, to make.
12. sàang-yēe   business.
13. dōok-shùe   to study (*lit.* read (study) books).
14. mèe-yĕ?   what? alternative to 'mùt-yĕ'.
15. Jòong-mŭn   written Chinese, short for 'Jòong-gwōk-mŭn'.
16. bèen-gāw?   who? which person?
17. tāai-tāai*   Mrs., wife.
18. tŏong-măai   with, and.

19. sāi-mùn-tsái   children.
20. Yìng-mǔn   written English, but here 'spoken English'.
21. tèng   to hear, listen.
22. hái   at, in.
23. bèen-shūe   where? alternative to 'bèen-dō'.
24. Gáu-Lǒong   Kowloon (*lit.* 'nine dragons').
25. Wàan-Tsái   Wanchai, a district in Hong Kong (*lit.* 'bay child', i.e. little bay).
26. fàan-hōei   go back, return.
27. là   a final particle.
28. tsōy-gēen   goodbye (*lit.* again meet).

A Reminder

If you have not done ten minutes Tone Drill (page 13) before beginning this Lesson, please do so now.

And remember that words beginning with j, g, d and b are written like that as a rough guide. The real sounds of these initials are unaspirated and unvoiced. Some of the words beginning with j (e.g. Jòong-gwōk) sound like the 'tch' in 'catch'. Listen to a Cantonese-speaker and imitate.

Notes

1. 'Chéng mūn . . .' is a polite usage which can precede any question and is similar to the English 'May I ask . . .?'. In this Lesson it is followed by the equally polite 'gwāi sīng?'—'your honourable surname?'—which is still a common form in Hong Kong and among the Chinese of South-east Asia. It is no longer in vogue in the Chinese People's Republic.

2. 'Sīng', a surname, is here used as a verb meaning 'to be surnamed'.

3. In Sentences 3 and 4 'lǎi' (to come) is used where in English we use 'have been'. The translation in the right-hand column is meant to be idiomatic and colloquial and in no way attempts to follow the Chinese word for word.

Translation is to be avoided. With each reading of the Dialogue in Cantonese it becomes less and less necessary to read the English. In due course you should ignore the English side of the Dialogue.

4. 'hāi mā?' in Sentence 7 is a common alternative to the ending 'mā?' or to the fuller form 'hāi m̀-hāi?' which could also be used at the end of this sentence.

5. In Sentence 11 we have two examples of the personal pronoun meaning 'my' and 'our' without the possessive suffix '-gē'. This is common practice but it would also be correct to use the suffix. Another way of making the possessive is to use the classifier instead of the suffix. Thus we may say 'ngăw gàan fŏng*' instead of 'ngăw-gē fŏng*' (my room), 'kŏei gāw sèen-sàang' instead of 'kŏei-gē sèen-sàang' but in each of these examples there must be either a classifier or a possessive suffix. Euphony helps to determine the best way but it is also a safe rule to use the suffix although it is often omitted as in Sentence 11.

6. In Sentence 11 we also have the word for 'and' or 'along with'. The word 'and' is very easy in English but not so easy in Cantonese. 'Tŏong' or 'tŏong-măai' is used to link two objects in the sense of 'along with' but cannot be used to connect two phrases as in English, e.g. 'he went to Hong Kong *and* studied Chinese'. We will come to this kind of sentence later.

7. Sentence 15. Chinese distinguishes between '*where* are you going?' and '*where* do you live?'. Thus:

Năy hái bèen-shūe jūe?   *lit.* 'at which place do you live?'
Năy hōei bèen-shūe?   'where are you going?'.

In each case 'bèen-dō?' can be used in place of 'bèen-shūe?'.

8. In Sentence 17 we have the final particle 'là'. Cantonese has many final particles. Some are used for euphony and emphasis as in this case. They are not essential to meaning but are important for idiomatic usage. They can be best learned by imitating native speakers.

Drill

I. 'chéng'—to invite.

  1. Ngăw chéng năy lăi.
  2. Kŏei chéng ngăw hōei Sing-gā-bàw.
  3. Wŏng sèen-sàang chéng ngăw sīk fāan.
  4. Wŏng tāai-tāai* chéng ngăw sīk fāan.
  5. Jèong tāai-tāai* chéng ngăw hōei Gáu-lŏong.
  6. Kŏei chéng ngăw fàan-hōei.
  7. Hăw sèen-sàang chéng năy fàan-lăi.

II. 'chéng'—please.

  1. Chéng lăi.
  2. Chéng lăi nèe-shūe.
  3. Chéng hōei.
  4. Chéng hōei gáw-shūe.
  5. Chéng lăi sīk fāan.
  6. Chéng năy tìng-yāt fàan-lăi.
  7. Chéng năy tìng-yāt hōei Hèong Góng.
  8. Chéng năy tìng-yāt lăi sīk fāan.
  9. Chéng góng Jòong-gwōk wā*.
 10. Chéng góng Yìng-gwōk wā*.

III. 'sīng'—surname, to be surnamed.

  1. Năy gwāi sīng? Síu sīng Wŏng ('little name Wong'—polite).
  2. Năy sīng mèe-yé? (less polite). Ngăw sīng Wŏng.
  3. Kŏei sīng mùt-yé? Kŏei sīng Lăy.
  4. Gáw-gāw hōk-sàang sīng mùt-yé? Kŏei sīng Lăy.
  5. Nèe-wāi* sèen-sàang sīng mùt-yé? Kŏei sīng Jèong.
  6. Yău hó dàw yăn sīng Lăy.

7. Yău hó dàw yăn sīng Wŏng.
8. Yău hó dàw yăn sīng Hăw.
9. Yău mŏ yăn sīng Jèong?   Yău, yău hó dàw.
10. Yău mŏ yăn sīng Lăy?   Yău, yău hó dàw yăn sīng Lăy.
11. Năy gwāi sīng?   Síu sīng Lăy.

IV. '-jáw'—the past tense.

1. Wŏng sèen-sàang lăi-jáw.
2. Lăy sèen-sàang hōei-jáw.
3. Ngăw sīk-jáw fāan.
4. Kŏei lăi-jáw Hèong Góng hó nŏy.
5. Ngăw lăi-jáw sàam yāt.
6. Kŏei hōei-jáw Yìng-gwōk.
7. Lăw sèen-sàang fàan-jáw lăi.
8. Wŏng tāai-tāai* fàan-jáw hōei.
9. Kŏei fàan-jáw lăi hó nŏy.
10. Ngăw fàan-jáw lăi lĕong yāt.

Note. In the last four sentences '-jáw' is inserted between the two parts of the compounds 'fàan-hōei' and 'fàan-lăi'.

V. 'sìk'—to know how to.

1. Ngăw sìk góng Yìng-gwōk wā*.
2. Kŏei sìk góng Gwóng-dòong wā*.
3. Năy sìk m̆-sìk góng Yìng-mŭn?   Síu síu.
4. Năy sìk m̆-sìk góng Jòong-gwōk wā*?   Ngăw sìk.
5. Lăy sèen-sàang sìk góng hó dàw Gwóng-dòong wā*.
6. Jèong tāai-tāai* sìk góng hó síu Yìng-mŭn.
7. Hăw sèen-sàang m̆-sìk góng Yìng-gwōk wā*.
8. Ngăw m̆-sìk tsō̄ sàang-yēe.
9. Wŏng sèen-sàang sìk tsō̄ sàang-yēe.
10. Hó dàw Jòong-gwōk yăn sìk tsō̄ sàang-yēe.

VI. 'sìk'—to know people or places.

1. Ngăw sìk kŏei; kŏei m̆-sìk ngăw.
2. Ngăw sìk Wŏng sèen-sàang.
3. Ngăw sìk Wŏng tāai-tāai*.
4. Năy sìk m̆-sìk kŏei?   Ngăw m̆-sìk kŏei.
5. Năy sìk m̆-sìk Wŏng sèen-sàang?   Sìk, ngăw sìk kŏei.
6. Jèong tāai-tāai* sìk m̆-sìk năy?   Sìk, kŏei sìk ngăw.
7. Năy sìk m̆-sìk nèe-gāw hōk-sàang?   M̆-sìk, ngăw m̆-sìk kŏei.
8. Hăw sèen-sàang m̆-sìk gáw-gāw yăn.
9. Nèe-wāi* m̆-sìk kŏei.
10. Ngăw sìk hó dàw yăn.
11. Kŏei sìk hó síu yăn.
12. Hó síu yăn sìk kŏei.
13. Hó dàw yăn sìk Lăy sèen-sàang.
14. Hó dàw hōk-sàang sìk kŏei.

VII. 'bèen-gāw?'—who?

1. Bèen-gāw lăi?   Wŏng tāai-tāai*.
2. Bèen-gāw hōei Hèong Góng?   Ngăw hōei.
3. Năy hăi bèen-gāw?   Ngăw sīng Lăy, ngăw hăi hōk-sàang.
4. Bèen-gāw sìk tèng Yìng-gwōk wā*?   Jèong tāai-tāai* sìk tèng.
5. Bèen-gāw chéng năy lăi?   Jèong sèen-sàang.
6. Bèen-gāw chéng năy sīk fāan?   Hăw sèen-sàang.
7. Bèen-gāw dōok jòong-mŭn?   Ngăw.
8. Bèen-gāw hōei Sìng-gā-bàw?   Lăw sèen-sàang.
9. Bèen-gāw sìk góng Gwóng-dòong wā?*   Ngăw sìk góng síu síu.

VIII. 'bèen-shūe?', 'bèen-dō?'—where?

1. Năy hōei bèen-dō?   Ngăw hōei Gáu-lŏong.
2. Kŏei hōei bèen-shūe?   Kŏei hōei Hèong Góng.
3. Năy hái bèen-dō jūe?   Hái Gáu-lŏong.
4. Lăy sèen-sàang hái bèen-shūe jūe?   Kŏei hái Yìng-gwōk jūe.
5. Năy hái bèen-dō dōok-shùe?   Ngăw hái Hèong Góng dōok-shùe.
6. Lăy sèen-sàang hái bèen-shūe?   Kŏei hái Yìng-gwōk.
7. Hăw sèen-sàang hái bèen-dō?   Kŏei hái nèe-shūe.
8. Wŏng sèen-sàang hái bèen-shūe?   Kŏei hái gáw-dō.
9. Wŏng tāai-tāai* hái bèen-dō?   Kŏei hái nèe-dō.
10. Kŏei gùm-yāt hōei bèen-dō?   Kŏei hōei Sìng-gā-bàw.

IX. 'fàan-hŏei' and 'fàan-lăi'—to go back, come back.

1. Kŏei gáy-sĕe fàan-lăi Hèong Góng?   Kŏei chŭm-yāt fàan-lăi.
2. Năy gáy-sĕe fàan-hōei Yìng-gwōk?   Ngăw tìng-yāt fàan-hōei.
3. Kŏei-dāy tìng-yāt fàan-lăi.
4. Wŏng sèen-sàang gùm-yāt fàan-lăi.
5. Hōk-sàang fàan-lăi dōok-shùe.
6. Kŏei-dāy fàan-hōei Jòong-gwōk.
7. Chéng năy tìng-yāt fàan-lăi.
8. Ḿ-gòy, ngăw-dāy tìng-yāt fàan-lăi.
9. Bèen-gāw fàan-hōei Sìng-gā-bàw?   Lăw sèen-sàang fàan-hōei.
10. Jèong tāai-tāai* fàan-hōei Gáu-lŏong.

More Practice

Read aloud and answer in as many ways as you can.

1. Năy gáy-sĕe lăi Hèong Góng?
2. Năy sìk m̀-sìk góng Jòong-gwōk wā*?
3. Năy sìk m̀-sìk tèng?
4. Năy yău mŏ sāi-mùn-tsái?
5. Năy gwāi sīng?
6. Gáw-gāw hōk-sàang sīng mèe-yĕ?
7. Năy hái bèen-shūe jūe?
8. Năy lăi-jáw Hèong Góng gáy-nōy?
9. Bèen-gāw lăi Hèong Góng dōok-shùe?
10. Kŏei lăi-jáw Hèong Góng gáy-nōy?
11. Bèen-gāw sìk góng gwóng-dòong wā*?
12. Bèen-gāw sìk góng Yìng-mŭn?
13. Wŏng sèen-sàang gáy-sĕe fàan-hōei Măy-gwōk?
14. Kŏei hāi m̀-hāi Măy-gwōk yăn?
15. Năy-gē tāai-tāai* hāi m̀-hāi Yìng-gwōk yăn?
16. Năy-dăy hōei bèen-dō?
17. Kŏei-dăy hāi m̀-hāi hōk-sàang?
18. Kŏei lăi tsō sàang-yēe, hāi m̀-hāi?
19. Năy sìk m̀-sìk Wŏng sèen-sàang?
20. Wŏng sèen-sàang sìk m̀-sìk năy?

GETTING ABOUT

1. Lǎy sèen-sàang, tsó sǔn. Chéng chǎw. Nǎy gùm-yāt hōei bèen-dō ā?

    Good morning, Mr. Lee. Please sit down. Where are you going today?

2. Ngǎw hōei gēen ngǎw-gē pǎang-yǎu.

    I'm going to meet my friend.

3. Kǒei hái bèen-dō jūe ā?

    Where does he live?

4. Kǒei hái tsáu-dēem jūe.

    He lives in a hotel.

5. Lǎy nèe-shūe yǔen m̌-yǔen nè?

    Far from here?

6. Hó yǔen. Ngǎw yīu chǎw bà-sée wāak-jé dìk-sée hōei.

    Yes, very far. I must go by bus or taxi.

7. Nǎy mǒ hāy-chè?

    You haven't got a car?

8. Mǒ... Wài! Dìk-sée! Ngǎw yīu hōei Mǐng Wǎ tsáu-dēem. Nǎy sìk m̌-sìk lō?

    No, I haven't... Hey! Taxi! I want to go to the Mǐng Wa Hotel. Do you know the way?

9. Sìk. Lǎy nèe-shūe lěong Yìng-lǎy; hó kǔn jè.

    Yes. Two miles from here; it's quite near.

10. Lěong Yìng-lǎy? M̌-hāi gáy yǔen... Neè-gā chè hǎang-dùk hó fāai.

    Two miles? Not very far... This car's going very fast.

11. M̌-hāi sūp fùn fāai. Nèe-shūe yǎu hó dàw chè. Ngǎw yěe-gà yīu hǎang mǎan-dèe.

    Not very fast. There are lots of cars here. Now I must go more slowly.

12. Èi-yā! Gūm dàw chè!   Goodness! What a lot of cars!

13. Năy déem-yēong* lăi Hèong Góng gā?   How did you come to Hong Kong?

14. Ngăw chăw fày-gày lăi. Ngăw-gē tāai-tāai* chăw shŭen lăi.   I came by plane. My wife came by ship.

15. Năy sìk m̆-sìk jà chè?   Can you drive a car?

16. M̆-sìk; ngăw yĕe-gà hōk jà.   No; I'm learning to drive now.

17. Nèe-shūe hāi Mĭng Wă tsáu-dēem.   Here's the Mĭng Wa Hotel.

18. Hó dāai gàan! Gáy-dàw chĕen*?   What a big place! How much?

19. Nğ mùn . . . Dàw tsē.   Five dollars . . . Thank you.

Vocabulary

1. tsáu-dēem   hotel, classifier 'gàan' (*lit.* 'wine shop').
2. lăy   from, separated from.
3. yŭen   far.
4. chăw   to sit; go by.
5. bà-sée   bus (loan word) classifier 'gā'.
6. gēen   to meet, see.
7. wāak-jé   or; perhaps.
8. dìk-sée   taxi (loan word) classifier 'gā'.
9. hāy-chè   car (*lit.* 'air vehicle'); classifier 'gā'.
10. wài!   hey!
11. lō   a road, classifier 'tĭu'.
12. Yìng-lăy   English mile. No classifier.
13. kŭn   near.
14. jè   only.
15. hăang   to go, walk.
16. -dùk   adverbial suffix.
17. fāai   fast.
18. sūp-fùn   very, extremely (*lit.* 'ten parts').

19. yĕe-gà   now.
20. mãan   slow, slowly. mãan-dèe slower.
21. -dèe   comparative suffix.
22. gūm   so.
23. déem-yēong*?   how?
24. fày-gày   aircraft (*lit.* 'flying machine'), classifier 'gā'.
25. shŭen   a ship, classifier 'jēk'.
26. jà   to drive (a car, etc.).
27. dāai   big.
28. chĕen*   money.
29. nğ   five.
30. mùn   a dollar, no classifier.
31. dàw-tsē   thank you (*lit.* many thanks).
32. gā   a final particle used for euphony.

Notes

1. In this Lesson 'chăw' is used in its two senses: (*a*) 'to sit', its original and literal meaning, and (*b*) 'to go by', its derived meaning. The latter can be rendered by another word (dāap) but 'chăw' is the more common. Note the word order—'I by bus go', not the English way.

2. The loan words for 'bus' and 'taxi' are examples of the very small number that have been borrowed by Chinese from foreign languages. (See Lesson 1, Note 5.) In China the word for 'bus' is rendered by Chinese words meaning 'public-together-vehicle'—'gùng-gūng-chè'—(reminiscent of omnibus) but in Hong Kong and South-east Asia 'bà-sée' is preferred.

Chinese is one of the 'purest' of languages in the sense that it has so very few foreign words in its vocabulary. This is partly due to its cultural supremacy in East Asia for two or three thousand years. On the other hand Japanese, Korean, Vietnamese and other neighbouring languages have borrowed thousands of words from Chinese.

For new words such as 'telephone', 'television' and 'aircraft' Chinese has invented appropriate terms—'electric language', 'electric vision', 'flying machine'.

3. The Chinese measure of distance 'li' (Cantonese 'lăy') is about one third of an English mile. 'Yìng-lăy' is in very common use.

4. In Sentence 9 the final particle 'jè' is one of a large number in Cantonese. Some have little or no meaning and are used for their rhythmic value. 'Jè', however, means 'only'. It must be used as a final.

5. Sentence 10. The suffix '-dùk' attached to verbs is always used with a following adverb. The original meaning of this word is that of 'have', 'get' (or 'got'), 'possess' or 'can', 'have the power to'. Thus a literal rendering of 'hăang-dùk hó fāai' could be: 'go have very fast'. Without the following adverb the suffix simply means 'can'. Here are examples of the two uses:

hăang-dùk	can go.
góng-dùk	can speak.
sīk-dùk	can eat.
lăi-dùk	can come.
hăang-dùk hó fāai	is going quickly.
góng-dùk hó māan	is speaking very slowly.
sīk-dùk hó fāai	is eating very quickly.
lăi-dùk hó māan	is coming very slowly.

6. Sentence 11. The combination 'sūp-fùn'—literally 'ten parts'—is very common to render 'very', 'extremely', etc.

7. In Sentence 11 we have the first example of the suffix '-dèe' which gives the comparative of adjectives and

adverbs. Here are all the adjectives or adverbs we have had
so far with their comparative forms:

hó	hó-dèe	nōy	nōy-dèe	lēng	lēng-dèe
gwāi	gwāi-dèe	síu	síu-dèe	yŭen	yŭen-dèe
kŭn	kŭn-dèe	fāai	fāai-dèe	māan	māan-dèe
dāai	dāai-dèe	dàw	dàw-dèe		

Where the comparison is extended to include the thing
compared, e.g. 'this is bigger than that' another form is
used. We will deal with this later.

8. Sentence 12. The word 'gūm' means 'so', 'to such an
extent' but is commonly used, as here, to render 'what a
lot of . . .', . . ., 'what a big . . .', etc.

9. In Sentence 18 we have the use of the classifier by itself,
meaning 'one'—of the class of objects which it defines. It
has been translated 'what a big place' as we would say this
in English but it could also be 'it's a very big one' (referring
back to 'hotel' mentioned in the previous Sentence). The
Chinese could also have read 'gūm dāai gàan' as in Sentence
12.

10. In the last Sentence we meet the second expression for
'thank you'. The first was 'm̀-gòy', introduced in Lesson 1.
'Dàw tsē', literally 'many thanks', is used on receiving a
gift or service of some importance. 'M̆-gòy' is a polite
acknowledgement. It can also be used to mean 'please' in
making a request, whereas 'dàw tsē' obviously can only
express thanks.

Drill

I. 'chăw', to sit.

1. Chéng chăw.
2. Chéng chăw nèe-shūe.

3. Chéng chăw gáw-shūe.
4. Kŏei hái fŏng chăw.
5. Kŏei hái bèen-shūe chăw? Hái tsáu-dēem.
6. Chéng Lăy sèen-sàang chăw nèe-shūe.
7. Chéng hōei gáw-dō chăw.

II. 'chăw', to go by (a vehicle). . . .

1. Ngăw chăw bà-sée lăi.
2. Lăy sèen-sàang chăw fày-gày lăi Hèong Góng.
3. Kŏei tāai-tāai*chăw shŭen lăi.
4. Ngăw chăw bà-sée hōei Gáu-lŏong.
5. Wŏng sèen-sàang chăw dìk-sée hōei tsáu-dēem.
6. Chăw fày-gày hōei Yìng-gwōk hó fāai.
7. Kŏei chăw bà-sée hōei gēen păang-yău.

III. 'lăy', from, distant from.

1. Lăy nèe-shūe hó yŭen.
2. Lăy nèe-dō m̆-hāi sūp-fùn yŭen.
3. Yìng-gwōk lăy Sìng-gā-bàw sūp-fùn yŭen.
4. Măy-gwōk lăy Hèong Góng dò hó yŭen.
5. Gáu-lŏong lăy nèe-shūe hó kŭn jè.
6. Tsáu-dēem lăy nèe-shūe sàam Yìng lăy.
7. Kŏei gàan fŏng* lăy nèe-dō hó yŭen.
8. Gáu-lŏong lăy Hèong Góng yàt Yìng lăy.

IV. '-dùk' as an adverbial suffix.

1. Nèe-gā chè hăang-dùk hó fāai.
2. Gáw-gā hăang-dùk hó māan.
3. Bà-sée chè hăang-dùk hó fāai.
4. Nèe-gā dìk-sée hăang-dùk hó māan.
5. Nèe-jēk shŭen hăang-dùk hó fāai.

V. 'gūm', so, what a . . .

1. Gūm dàw chè lǎi nèe-shūe!
2. Gūm dàw hōk-sàang dōok-shùe!
3. Gūm dàw yǎn hái Hèong Góng!
4. Wǒng tāai-tāai* gūm lēng!
5. Gūm síu hōk-sàang!
6. Gūm hó Gwóng-dòong wā*!
7. Kǒei góng Yìng-mǔn, góng-dùk gūm hó.
8. Bà-sée chè hǎang-dùk gūm fāai!
9. Kǒei sìk góng gūm síu!
10. Kǒei sĩk gūm síu fāan.

VI. 'déem-yēong*?', how?

1. Nǎy déem-yēong* lǎi?   Ngǎw chǎw shǔen lǎi.
2. Kǒei déem-yēong* lǎi?   Kǒei chǎw fày-gày lǎi.
3. Lǎy sèen-sàang déem-yēong* hōei?   Kǒei chǎw hāy-chè hōei.
4. Hǎw tāai-tāai* déem-yēong* lǎi?   Kǒei chǎw bà-sée lǎi.
5. Nǎy déem-yēong* hōei Mǎy-gwōk?   Ngǎw chǎw fày-gày hōei.

VII. Numbers one to five.

1. Yàt, yēe, sàam, sāy, ňg.
2. Yàt gāw yan, lěong gā chè, sàam gàan fǒng*.
3. Gáy-dàw gā chè?   Sāy gā.
4. Gáy-dàw gā fày-gày?   Ňg gā.
5. Gáy-dàw chěen?*   Yàt mùn, lěong mùn, sàam mùn, sāy mùn, ňg mùn.
6. Gáy-dàw jēk shǔen?   Lěong jēk.
7. Sāy gāw hōk-sàang hōei Jòong-gwōk.
8. Ňg gāw hōk-sàang dōok Jòong-mǔn.

9. Năy yīu jūe gáy-dàw yāt?   Sàam yāt.
10. Lăy sèen-sàang yīu jūe gáy-dàw yāt?   Sāy yāt.
11. Ngăw lăi-jáw ňg yāt.
12. Yàt, yēe, sàam, sāy, ňg.

More Practice

Read each of the following sentences aloud, turn them into questions, then answer the question differently from the original. The question word or form is given for each group. Example:

> Nèe-shūe yăn lĕong gāw hōk-sàang.
> Nèe-shūe yăn gáy-dàw gāw hōk-sàang?
> Nèe-shūe yăn ňg gāw hōk-sàang.

(a)

1. Nèe-dō yăn sàam gā fày-gày.   (gáy-dàw?)
2. Gáw-shūe yăn yàt gàan tsáu-dēem.
3. Nèe-shūe yăn yàt gāw yăn.

(b)

1. Kŏei lăi-jáw sàam yāt.   (gày-nōy?)
2. Lăy sèen-sàang lăi-jáw lĕong yāt.
3. Hăw sèen-sàang lăi-jáw hó nōy.

(c)

1. Lăy tāai-tāai* tìng yāt lăi.   (gáy-sĕe?)
2. Wŏng sèen-sàang chŭm-yāt lăi.
3. Kŏei gùm-yāt hōei Sing-gā-bàw.

(d)

1. Kŏei yăn yàt gā chè.   (yăn mŏ?)
2. Wŏng sèen-sàang mŏ chè.
3. Nèe-shūe yăn sàam jēk shŭen.

(e)

1. Kŏei-dāy hāi Yìng-gwōk yǎn   (hāi m̄-hāi?)
2. Lăy sèen-sàang hāi Mǎy-gwōk yǎn.
3. Lăy tāai-tāai* hāi hōk-sàang.

(f)

1. Jòong-gwōk lăy nèe-shūe hó yǔen.   (yǔen m̄-yǔen?)
2. Tsáu-dēem lăy nèe-dō sàam Yìng lăy.
3. Gáu-lŏong lăy nèe-dō hó kǔn.

(g)

1. Kŏei sīk-jáw fāan.   (. . . mǎy?)
2. Kŏei hōei-jáw Mǎy -gwōk.
3. Lăy sèen-sàang lăi-jáw Hèong Góng.

(h)

1. Wŏng sèen-sàang sìk góng Gwóng-dòong-wā̄*.   (sìk m̄-sìk?)
2. Kŏei sìk góng Yìng-gwōk wā̄*.
3. Kŏei sìk tèng Yìng-mǔn.

(i)

1. Kŏei-dāy hái Hèong Góng jūe.   (hái bèen-shūe?)
2. Ngāw hái Yìng-gwōk jūe.
3. Nǎy-dāy hái Mǎy-gwōk jūe.

(j)

1. Nèe-gā chè hǎang-dùk hó fāai.   (fāai m̄-fāai?)
2. Gáw-gā bà-sée hǎang-dùk hó mǎan.
3. Nèe-jēk shǔen hǎang-dùk hó fāai.

(k)

1. Kŏei chǎw hāy-chè lǎi.   (mùt-yé . . .?)
2. Wŏng sèen-sàang chǎw shǔen hōei Jòong-gwōk.
3. Ngāw chǎw dìk-sée hōei tsáu-dēem.

The more you do of these exercises the better.

STREET SCENE

1. Nèe-tǐu lō yǎu gūm dàw pō-tǎu*! Nǎy séong m̌-séong mǎai yě?	What a lot of shops there are in this street! Do you want to buy anything?
2. Ngǎw m̌-séong. Nèe-gàan mǎai mùt-yě?	No. What does this one sell?
3. Nèe-gàan mǎai shùe; gáw-gàan mǎai sàang-gwáw.	It sells books; that one sells fruit.
4. Tsáw-bēen gáw-gàan hǎi m̌-hǎi ngǎn-hǒng?	Is that a bank on the left?
5. M̌-hǎi, gáw-gàan hǎi tsáu-gà. Nǎy gáy-déem jòong sǐk ān-jāu?	No, that's a restaurant. What time do you have lunch?
6. Yàt déem jòong. Yěe-gà gáy-déem?	One o'clock. What time is it now?
7. Yěe-gà sūp-yēe déem sāy gāw tsēe.	It's twenty past twelve.
8. M̌-hǎi, yěe-gà sūp-yēe déem bōon.	No, it's half past twelve now.
9. Nèe-tǐu hǎi mèe-yě lō?	What street is this?
10. Nèe-tǐu hǎi Jòong Sàan Lō. Yāu-bēen hǎi Dāai Chìng Dō. Gáw-shūe yǎu yàt gàan hāy-yūen*.	This is Chung Shan Road. On the right is Tai Ching Road. There's a cinema there.
11. Nǎy jòong-yēe tái hāy mā?	Do you like going to the cinema?

12. M̌-jòong-yēe.　Ngǎw　No, I prefer reading.
jòong-yēe tái shùe.

13. Chǎw gáw-dō̄ gáw-gāw　What is that woman sitting
nǒei-yǎn tsō̄ mèe-yě?　over there doing?

14. Kǒei mǎai bō̄-jée.　She's selling newspapers.

15. Èi-yǎ! Gūm dàw chè!　Goodness! What a lot of cars!
Gūm dàw yǎn! Ngǎw　What a lot of people! I must
yīu fāai-dèe fàan òok-　go home right away. It's
káy.　Yěe-gà　sūp-yēe　twenty-five to one now.
déem chàt gāw tsēe.

16. Ngǎw dò yīu fàan òok-　I must go home too. I have
káy.　Ngǎw　sūp-yēe　lunch at a quarter to one.
déem sàam gāw gwùt　Goodbye.
sīk ān-jāu. Tsō̄y gēen.

17. Tsō̄y gēen.　Goodbye.

Vocabulary

1. tǐu　classifier for roads and some other long, narrow
objects.

2. pō̄-tǎu*　a shop, classifier 'gàan'.

3. séong　to wish, want.

4. mǎai　to buy.

5. mǎai　to sell.

6. sàang-gwáw　fruit.

7. tsáw-bēen　left, left side.

8. ngǎn-hǒng　bank (*lit.* 'silver firm'), classifier 'gàan'.

9. tsáu-gà　restaurant, classifier 'gàan'.

10. gáy-déem jòong?　what time is it? (*lit.* 'how (many)
strikes clock?').

11. ān-jāu　lunch.

12. sūp-yēe　twelve.

13. tsēe　a character, digit.

14. bō̄on　a half.

15. dō̄　a road, way, classifier 'tǐu'.

16. yāu-bēen   right, right side.
17. hāy-yūen*   cinema, classifier, 'gàan'.
18. jòong-yēe   to like, enjoy.
19. tái   to look at. tái hāy to go to the cinema (*lit.* 'look at show'). tái shùe to read, to read books.
20. nŏei-yăn   woman, classifier 'gāw'.
21. bō-jée   newspaper   (*lit.* 'report paper'),   classifier 'jèong'.
22. òok-káy   home   (*lit.* 'house stand'). òok a house, classifier 'gàan'.
23. chàt   seven.
24. gwùt   a quarter.

Numbers one to twelve

yàt	one	ňg	five	gáu	nine
yēe	two	lōok	six	sūp	ten
sàam	three	chát	seven	sūp-yàt	eleven
sāy	four	bāat	eight	sūp-yēe	twelve

Notes

1. Note carefully the subtle difference in the sounds of 'măai' and 'māai', to buy and to sell.

2. In Kwangtung and South-east Asia the word for 'road' or 'street' is usually rendered by 'lō' or 'gàai'. In Hong Kong the commonest word is 'dō'. This word is also used in the abstract sense of Way or Way of Life, i.e. Principle. You will recognise it in its Mandarin form 'tao' in Taoism.

3. The first meaning of the word 'hāy' is a theatrical performance on the stage. In the phrase 'tái hāy' it now usually means 'to go to the cinema'. The full form for cinema is 'yíng-wá-hāy', literally 'shadow picture show', but the short form is much more common. To render 'theatre', 'stage show' or 'play' the Chinese say 'dāai hāy', i.e. great or big theatre.

4. In Sentence 13 we have an example of a 'relative clause' pattern. In this case the English could, rather clumsily, read 'What is the woman *who* is sitting over there doing?', that is using the relative pronoun 'who'. In Chinese there is no relative pronoun. The clause or phrase which describes the person is, quite logically, rendered as a group of adjectives put before the noun which they describe; thus, 'sitting over there that woman'. A similar form is found in Sentence 4.

5. In Sentences 15 and 16 the word 'yīu', already introduced in Lesson 2 (Vocabulary 17) is used to render 'must' or 'need to'. It should be contrasted with 'séong' in Sentence 1, meaning 'to wish' or 'to want', that is having a lesser degree of necessity or urgency than 'yīu'.

6. Note that 'fāai-dèe', translated 'right away' is the comparative form of 'fāai' but it does not here mean faster or more quickly. It is simply an idiomatic usage and a very common one.

7. 'Fàan' was introduced in Lesson 3 (Vocabulary 26) in conjunction with 'hōei', to go, and also in Drill 1 with 'lăi', to come. In Sentences 15 and 16 of this Lesson 'fàan' is used by itself meaning to go back or return. In this phrase 'fàan òok-káy', to go home or return home, 'hōei' is almost always omitted. Note too that Chinese will say 'go back' or 'return' home when in English we usually say simply 'go home'.

Drill

    I. 'séong' to wish to, want to.

        1. Năy séong tsō mùt-yě?   Ngăw séong măai yě.
        2. Kŏei séong tsō mùt-yě?   Kŏei séong măai yě.
        3. Năy séong măai mùt-yě?   Ngăw séong măai sàang-gwáw.

4. Kŏei séong mãai mùt-yĕ? Kŏei séong mãai shùe.

5. Ngăw m̆-séong hōei. Kŏei m̆-sēong lăi.

6. Kŏei m̆-séong dōok-shùe. Kŏei séong tái bō-jée.

7. Kŏei m̆-séong sīk fãan. Kŏei séong tái shùe.

8. Năy séong m̆-séong hōei Hèong Góng? Séong, ngăw hó séong hōei.

9. Ngăw m̆-séong chăw fày-gày. Ngăw séong chăw shŭen.

10. Kŏei séong fàan-hōei Yìng-gwōk.

II. 'yīu', to need to, require to, want, must.

1. Yĕe-gà yàt déem jòong; ngăw yīu fàan òok-káy sīk ān-jāu.

2. Năy tsō sàange-yēe, yīu m̆-yīu sìk Jòong-mŭn? Yīu.

3. Năy yīu m̆-yīu sìk góng Gwóng-dòong wā*? Yīu.

4. Năy yīu jūe gáy-nōy? Ngăw yīu jūe lōok yāt.

5. Ngăw yīu yàt gàan fŏng*; ngăw-gē păang-yău dò yīu yàt gàan.

6. Ngăw yīu dōok-shùe; kŏei dò yīu dōok-shùe.

7. Lăy tāai-tāai* yīu măai sàang-gwáw.

8. Ngăw yīu fãai-dèe fàan òok-káy; yĕe-gà lĕong déem jòong.

9. Wŏng sèen-sàang tìng-yāt yīu fàan-hōei Jòong-gwōk.

10. Ngăw yīu hōk góng Gwóng-dòong wā*.

III. 'măai', to buy, and 'mãai', to sell.

1. Nèe-gàan pō-tău* mãai mùt-yé? Mãai shùe.

2. Ngăw séong măai shùe. Hái bèen-dō măai shùe?

3. Kŏei mãai-jáw kŏei gā chè.
4. Ngăw séong mãai yàt gā chè.
5. Hái Jòong Sàan Dō yău hó dàw pō-tău* mãai shùe.
6. Nèe-dèe sàang-gwáw m̆-hó; ngăw m̆-séong măai.
7. Nèe-gàan pō-tău* mãai Jòong-măn bō-jée.
8. Kŏei măai-jáw hó dàw Jòong-gwōk shùe.
9. Kŏei măai-jáw yàt gàan tsáu-dēem.
10. Nèe-wāi* tsō sàang-yēe; kŏei mãai chè.

IV. Telling the time.

1. Gáy-déem jòong?   Yàt déem.
2. Năy gáy-déem jòong sĭk fāan?   Lōok déem.
3. Yĕe-gà gáy-déem jòong?   Yĕe-gà lĕong déem bōon.
4. Fày-gày gáy-déem jòong lăi?   Sàam déem sāy gāw tsēe.
5. Năy gáy-déem hōei Gáu-lŏong?   N̆g déem chàt gāw tsēe.
6. Ngăw yàt déem yàt gāw gwùt sĭk ān-jāu.
7. Kŏei-dāy sūp déem sàam gāw gwùt lăi nèe-shūe.
8. Ngăw sūp-yàt déem sūp gāw tsēe lăi.
9. Yĕe-gà sūp-yàt déem lōok gāw tsēe.   M̆-hāi, sūp-yàt déem chàt.
10. Ngăw yàt déem lăi, kŏei lĕong déem lăi.
11. Ngăw-dāy chàt déem bōon sĭk fāan.
12. Lăy sèen-sàang gáy-déem jòong sĭk fāan?   Bāat déem.

V. 'The man who . . .', the relative clause.

1. Chŭm-yāt lăi gáw-gāw yăn hāi Wŏng sèen-sàang. (The man who came yesterday was Mr. Wong.)

2. Chăw shŭen lăi Hèong Góng gáw-gāw hāi Lăy tāai-tāai*.
3. Yāu-bēen gáw-gàan m̆-hāi ngăn-hŏng, hāi hāy-yūen*.
4. Sìk góng Gwóng-dòong wā* gáw-gāw hāi Hăw sèen-sàang.
5. Hōei-jáw Yìng-gwōk dōok-shùe gáw-gāw hāi Jèong sèen-sàang.
6. Tsō sàang-yēe gáw-gāw hāi ngăw-gē păang-yău.
7. Sìng Lăy gáw-gāw hāi Măy-gwōk yăn.
8. Sìng Lăw gáw-gāw hāi m̆-hāi Jòong-gwōk yăn? Hāi.
9. Tái bō-jée nèe-gāw hāi hōk-sàang.
10. Lăi Hèong Góng dōok-shùe nèe-gāw hāi Lăy sèen-sàang.
11. Jà dìk-sée gáw-gāw sīng Jèong.
12. Chăw jáw-bēen gáw-gāw hāi ngăw-gē sèen-sàang.
13. Chăw fày-gày hōei Yìng-gwōk hāi Hăw tāai-tāai*.
14. Yău hāy-chè gáw-gāw hāi Wŏng sèen-sàang.
15. Hōei-jáw Măy-gwōk tsō sàang-yēe gáw-gāw hāi Lăw sèen-sàang.

VI. Practice with numbers one to twelve.

1. Yàt, yēe, sàam, sāy, ňg, lōok, chàt, bāat, gáu, sūp, sūp-yàt, sūp-yēe.
2. Năy yău gáy-dàw gāw hōk-sàang? Ngăw yău chàt gāw.
3. Wŏng sèen-sàang yău gáy-dàw gāw hōk-sàang? Kŏei yău sūp-yàt gāw.
4. Nèe-shūe yău gáy-dàw gāw yăn? Sūp-yēe gāw.
5. Yàt gāw sèen-sàang yău bāat gāw hōk-sàang.

6. Yău sūp-yàt gāw hōk-sàang hōei Yìng-gwōk dōok-shùe.
7. Nèe-tǐu lō yău gáy-dàw gàan pō-tǎu*? Sūp-yēe gàan.
8. Gùm-yāt yău lĕong gāw hōk-sàang hōei Sìng-gā-bàw.
9. Yàt gā chè, lĕong jēk shǔen, sàam gàan fǒng*, sāy gàan tsáu-dēem, ňg gàan pō-tǎu*, lōok gàan hāy-yūen*, chàt gàan tsáu-gà, bāat tǐu lō, gáu tǐu dō, sūp gāw Yìng-gwōk yǎn, sūp-yàt gāw Mǎy-gwōk yǎn, sūp-yēe gāw Jòong-gwōk yǎn.
10. Yàt gāw, lĕong gāw, sàam gāw, sāy gāw, ňg gāw, lōok gāw, chàt gāw, bāat gāw, gáu gāw, sūp gāw, sūp-yàt gāw, sūp-yēe gāw.
11. Yàt, yēe, sàam, sāy, ňg, lōok, chàt, bāat, gáu, sūp, sūp-yàt, sūp-yēe.

VII. 'jòong-yēe, to like, to like to.

1. Ngǎw jòong-yēe hōei.
2. Ngǎw-dǎy m̌-jòong-yēe dōok-shùe.
3. Bèen-gāw jòong-yēe dōok-shùe? Lǎy sèen-sàang jòong-yēe.
4. Ngǎw-dǎy jòong-yēe chǎw shǔen; kǒei-dǎy jòong-yēe chǎw fày-gày.
5. Jèong tāai-tāai* jòong-yēe tái bō-jée.
6. Kǒei-dǎy jòong-yēe tái hāy; ngǎw m̌-jòong-yēe.
7. Nǎy jòong-yēe Hèong Góng mā? Jòong-yēe.
8. Nǎy jòong-yēe m̌-jòong-yēe kǒei? M̌-jòong-yēe.
9. Nǎy-dǎy jòong-yēe tái hāy mā? Jòong-yēe.

More Practice

Read aloud and answer the following questions. Repeat the exercise many times, answering the questions in as many different ways as possible.

1. Năy-dāy gáy-déem jòong sĭk ān-jāu?
2. Lăy sèen-sàang gáy-déem jòong sĭk fāan?
3. Wŏng tāai-tāai* séong măai mùt-yĕ?
4. Năy-dāy séong hōei bèen-dō?
5. Nèe-gàan pō-tău* māai mùt-yĕ?
6. Nèe-tĭu hāi mùt-yĕ lō?
7. Năy jòong-yēe tái bō-jée mā?
8. Kŏei gáy-déem yīu fàan òok-káy?
9. Năy gáy-sĕe hōei tái hāy?
10. Năy yău mŏ chěen*? Yīn m̀-yīu hōei ngăn-hŏng?
11. Nèe-shūe yău mŏ ngăn-hŏng?
12. Gáw-tĭu lō yău gáy-dàw gàan tsáu-gà?
13. Hăw sèen-sàang yău gáy-dàw gàan pō-tău*?
14. Gáw-gāw nŏei-yăn tsō mùt-yĕ?
15. Năy séong m̀-séong hōei Hèong Góng?
16. Năy séong hōk mùt-yĕ?
17. Năy déem-yēong* fàan òok-káy?
18. Kŏei-dāy déem yēong* lăi Hèong Góng?
19. Năy jòong-yēe tsō mùt-yĕ?
20. Lăy sèen-sàang jòong-yēe dōok-shùe mā?

SHOPPING

1. Ā-Yìng!   Ngăw-dāy   A-Ying! We're going out
   chòot-gàai măai yĕ.   shopping.
2. Năy-dāy fàan m̀-fàan   Are you coming back for
   lăi sīk ān?   lunch?
3. Fàan; ngăw-dāy yàt   Yes, we'll be back at one
   déem fàan-lăi sīk ān-   o'clock for lunch.
   jāu.
4. . . . Gáw-bóon   shùe   . . . How   much   is   that
   gáy-dàw chĕen*?   book?
5. Nèe-bóon   Jòong-mŭn   This Chinese book?
   shùe?
6. M̌-hāi, gáw-bóon Yìng-   No, that English one.
   mŭn-gē.
7. Nèe-bóon sūp-sāy mùn.   This book's fourteen dollars.
8. Gūm gwāi ā!   So dear!
9. M̌-hāi gwāi; hó pĕng-   It isn't dear. It's very cheap.
   gē jè.
10. Ngăw m̀-măai. Nèe-jèe   I don't want it. How much
    bùt gáy-dàw nè?   is this pen?
11. Nèe-jèe mūk-sóei bùt   This pen is seven dollars.
    chàt mùn.
12. Hó, ngăw măai lĕong   All right, I'll buy two.
    jèe.
13. Ōy m̀-ōy yŭen-bùt nè?   Do you want a pencil?
14. M̌-ōy. Ngăw yīu măai   No, I don't. I want to buy
    dèe jée. Nèe-dèe gáy-   some paper. How much is
    dàw?   this?

15. Sàam gāw chàt nğ-sūp jèong. Năy ōy gáy-dàw jèong?

Three dollars seventy for fifty sheets. How many sheets do you want?

16. Ngăw yīu yàt bāak jèong. Dò yīu yàt bō bó.

A hundred. And I want a note-book.

17. Nèe-bō bó sāy hǒ jée. Ōy m̀-ōy?

This one's forty cents. Do you want it?

18. M̆-ōy. Gáw-bō nè?

No. And that one?

19. Gáw-bō pĕng-dèe. Sàam hǒ jée yàt bō. Ōy m̀-ōy?

That one's cheaper, thirty cents. Do you want it?

20. Yīu. Ngăw yīu lĕong bō. Hūm-bā-lāang gáy-dàw chĕen*?

Yes, I want two. How much is that altogether?

21. Lĕong jèe mūk-sóei bùt sūp-sāy mùn, yàt bāak jèong jée chàt gāw sāy, lĕong bō bó lōok hǒ jée, hūm-bā-lāang yēe-sūp yēe mùn.

Two pens fourteen dollars, one hundred sheets of paper seven forty, two note books sixty cents, altogether twenty-two dollars.

22. Nèe-shūe sàam-sūp mùn.

Here's thirty dollars.

23. Ngăw báy-fàan bāat mùn năy. Dàw-tsē, dàw-tsē. Tsōy-gēen.

I give you back eight dollars. Many thanks. Goodbye.

24. Tsōy gēen . . . Ngăw séong măai dèe fà. Nèe-dèe gáy-dàw chĕen*?

Goodbye . . . I want to buy some flowers. How much are these?

25. Nèe-dèe hǒong-sìk-gē? Nèe-dèe sàam hǒ jée yàt jèe.

These red ones? They are thirty cents each.

26. Hó gwāi. Gáw-dèe bāak-sìk-gē nè?

Very dear. And the white ones?

27. Gáw-dèe pĕng-dèe. Lĕong hǒ jée yàt jèe.

They're cheaper. Twenty cents each.

28. Ngǎw jòong-yēe dèe bāak-sìk-gē. Báy lōok jèe ngǎw. Gāw yēe mā? Nèe-shūe lěong mùn.

I like the white ones. Give me six. One twenty? Here's two dollars.

29. Ngǎw báy-fàan bāat hǒ nǎy. Nèe-gāw yūet dèe fà tsōei lēng. Hái Hèong Góng sūp-yàt yūet dèe fà tsōei dàw.

Eighty cents change. This month the flowers are most beautiful. In Hong Kong flowers are most plentiful in November.

Vocabulary

1. Ā   a common prefix to personal names in addressing servants, children and familiars.
2. Yìng   çommon name for girls (*lit.* 'brave'), as in 'Yìng-gwōk', Lesson 1.
3. chòot-gàai   to go out (*lit.* 'go out street').
4. bóon   classifier for book.
5. -gē   one (see Notes).
6. gwāi   dear, expensive. (Lesson 3, Vocabulary 3).
7. pěng   cheap.
8. jèe   classifier for pens, etc.
9. bùt   writing instrument.
10. mūk-sóei   ink.
11. mūk-sóei-bùt   pen.
12. yǔen   lead.
13. yǔen-bùt   pencil.
14. ōy   to want, like, love.
15. dèe   some, the plural classifier.
16. jée   paper, classifier 'jèong'.
17. bó   note-book, classifier 'bō'.
18. yàt hǒ jée   ten cents (*lit.* number one paper).
19. hūm-bā-lāang   all, altogether.
20. sūp-sāy   fourteen.
21. yēe-sūp   twenty.
22. sàam-sūp   thirty.

23. báy   to give, báy-fàan to give back.
24. fà   a flower, classifier 'jèe'.
25. hŏong   red, hŏong-sìk red colour.
26. bāak   white, bāak-sìk white colour.
27. yūet   month, classifier 'gāw'.
28. sūp-yàt yūet   November.
29. sūp-yēe yūet   December.
30. tsōei   superlative prefix.

Notes

1. The prefix 'Ā' is used in addressing servants, children and other familiars. It is not used by Northern Chinese and even among the Cantonese its use is restricted. Among educated people who are on friendly terms it is customary to use the given names without the prefix 'Ā'.

The Chinese surname comes first. The given name may consist of two words, or characters, or one, the former being the more common practice today. Unlike the Western way of choosing a name from a limited stock the meanings of which are usually unknown or forgotten (John, Mary, William, etc.) the Chinese choose given names at will from an almost unlimited vocabulary, selecting those which have the attributes they would like their children to possess or with some literary or historical allusion.

2. The word 'chòot'—like 'fàan'—is usually joined to another verb, namely 'hōei', to go, and 'lăi', to come. This expression 'chòot-gàai' meaning literally 'go out street' is very common. An alternative is 'hōei-gàai'—'to go street'.

The pronunciation of 'chòot' is rather difficult. It almost rhymes with 'soot' but is less rounded.

3. In Sentences 2 and 3 note the use of 'fàan' with and without its co-verb, in this case 'lăi'.

4. 'To have lunch' can be rendered by 'sīk ān' or 'sīk ān-jāu'. 'Ān-jāu' by itself means noon.

5. Sentence 8 'gwāi' is here used in the sense of expensive. Cf. Lesson 3, Vocabulary 3.

6. The possessive suffix '-gē' is used frequently to render 'one' or 'ones'. (Sentences 6, 25, 26, 28.) It is a logical and simple usage as can be seen from the example 'ngăw-gē', mine or my one.

7. The plural classifier 'dèe' is sometimes used for 'some' as in Sentence 14. It also stands for 'the' before plural nouns when not preceded by a modifier or numeral, as with all classifiers in the singular. Examples:

> Ngăw ōy dèe fāan   I want some rice.
> Dèe fāan m̆-hó   The rice isn't good.

8. The extraordinary three-syllable word 'hŭm-bā-lăang' (Sentence 20), meaning 'all' is said to be a non-Chinese loan word from an aboriginal language of South China, but it is more likely from 'pidgin' English 'all-belong'.

9. In Chinese the direct object comes before the indirect. (Sentences 23 and 29.) In English we say: 'I give you the book' but in Chinese it goes: 'Ngăw báy bō shùe năy'.

10. Sentence 29 gives examples of the word for 'month' which is the same as for 'moon'. The old Chinese calendar is lunar. It is still used for festivals such as Chinese New Year. The names of the months are simply 'yàt yūet', 'yēe yūet', 'sàam yūet' and so on to December, the twelfth month.

Drill

I. 'Fàan' with and without co-verbs; also with 'báy', to give.

  1. Ngǎw tìng-yāt fàan-lǎi; kŏei gùm-yāt fàan.
  2. Lǎy sèen-sàang yīu fàan-hōei Yìng-gwōk; ngǎw m̀-fàan.
  3. Kŏei fàan-jáw hōei, fàan-jáw òok-káy.
  4. Kŏei fàan-jáw hōei Sìng-gā-bàw mǎy? Fàan-jáw hōei.
  5. Nǎy gáy-déem jòong fàan-lǎi? Ngǎw sàam déem jòong fàan.
  6. Nǎy fàan m̀-fàan òok-káy sīk fāan? Fàan.
  7. Chéng báy-fàan gáw bóon shùe ngǎw.
  8. Ngǎw yīu báy fàan dèe chěen* kŏei.
  9. Báy-fàan jèe bùt Lǎy sèen-sàang.
 10. Ngǎw m̀-báy-fàan dèe chěen* nǎy.

II. The suffix '-gē' meaning 'one' or 'ones'.

  1. Ngǎw jòong-yēe bāak-sìk-gē; kŏei ōy hŏong-sìk-gē.
  2. Nèe-gā hŏong-sìk-gē hāi ngǎw-gē (referring to 'car' or other vehicle).
  3. Gáw-gā bāak-sìk-gē hāi Lǎy sèen-sàang-gē.
  4. Gáw-bóon hŏong-sìk-gē hó gwāi.
  5. Nèe-gàan dāai-gē hāi Wŏng sèen-sàang-gē.
  6. Nèe-dèe lēng-gē hó gwāi.

III. Money.

  One dollar 'yàt mùn' or 'yàt gāw ngǎn-chěen*'.
  Ten cents 'yàt hŏ jée'.
  One cent 'yàt gāw sèen' (loan word).
  yàt hŏ 10c.   sāy hŏ 40c.   chàt hŏ 70c.

lĕong hŏ	20c.	ǹg hŏ	50c.	bāat hŏ	80c.
sàam hŏ	30c.	lōok hŏ	60c.	gáu hŏ	90c.

yàt mùn $1
yàt gāw ngăn chĕen*
$1 to $2:
yàt mùn or yàt gāw ngăn chĕen* $1.
yàt gāw yàt (hŏ jée) $1.10.

But more commonly as follows:

gāw yàt	$1.10	gāw lōok	$1.60
gāw yēe	$1.20	gāw chàt	$1.70
gāw sàam	$1.30	gāw bāat	$1.80
gāw sāy	$1.40	gāw gáu	$1.90
gāw bōon	$1.50	lĕong mùn or lĕong gāw ngăn chĕen*.	
lĕong gāw yàt	$2.10	sàam gāw chàt	$3.70
lĕong gāw yēe	$2.20	sàam gāw bāat	$3.80
lĕong gāw sàam	$2.30	sàam gāw gáu	$3.90
lĕong gāw sāy	$2.40	sāy mùn	$4.00
lĕong gāw bōon	$2.50		

Practice with money

1. Nèe-dèe gáy-dàw chĕen*?   Sūp sàam gāw chàt.
2. Nèe-bóon shùe gáy-dàw?   Yēe-sūp gāw bōon.
3. Nèe-dèe gáy-dàw?   Nèe-dèe hó pĕng, sàam mùn yàt bóon.
4. Gáw-dèe fà gáy dàw chĕen*?   Sāy hŏ jée yāt jèe.
5. Nèe-jèe yŭen-bùt gáy-dàw chĕen*?   Bāat hŏ jée.
6. Nèe-jèe mūk-sóei-bùt nè?   Lōok gāw sāy.
7. Nèe-bóon Yìng-mŭn shùe gáy-dàw?   Sūp-sāy gāw bōon.
8. Dèe hŏong-sìk fà gwāi m̀-gwāi?   M̀-gwāi, lōok jèe sàam gāw lōok.

9. Dèe bāak-sìk fà lōok jèe sāy gāw yēe.
10. Chǎw bà-sée hōei gáy-dàw chěen*? Lěong hǒ jée.
11. Chǎw dìk-sée nè? Sàam gāw bāat, hó gwāi.
12. Nèe-jèong bō-jée gáy-dàw? Sàam hǒ jée.

$10 to $100.

sūp mùn	lōok-sūp mùn
yēe-sūp mùn	chàt-sūp mùn
sàam-sūp mùn	bāat-sūp mùn
sāy-sūp mùn	gáu-sūp mùn
ňg-sūp mùn	yàt bāak mùn

IV. Numbers 100 to 200 at intervals of 10.

yàt bāak	bāak sāy	bāak bāat
bāak yàt	bāak ňg	bāak gáu
bāak yēe	bāak lōok	yēe bāak
bāak sàam	bāak chàt	

Numbers 100 to 110.

Here is a *new word* not introduced in the Dialogue or the Vocabulary: lǐng nil, zero.

yàt bāak lǐng yàt	101	yàt bāak lǐng lōok	106
yàt bāak lǐng yēe	102	yàt bāak lǐng chàt	107
yàt bāak lǐng sàam	103	yàt bāak lǐng bāat	108
yàt bāak lǐng sāy	104	yàt bāak lǐng gáu	109
yàt bāak lǐng ňg	105	bāak yàt	110

Numbers 100 to 1000 by hundreds.

yàt bāak	lōok bāak
yēe bāak	chàt bāak
sàam bāak	bāat bāak
sāy bāak	gáu bāak
ňg bāak	yàt chèen

chèen—1000 is a new word, not given in the Dialogue or Vocabulary.

V. Months

yàt gāw yūet	one month		
nèe-gāw yūet	this month		
yàt yūet	January	chàt yūet	July
yēe yūet	February	bāat yūet	August
sàam yūet	March	gáu yūet	September
sāy yūet	April	sūp yūet	October
ňg yūet	May	sūp-yàt yūet	November
lōok yùet	June	sūp-yēe yūet	December

Practice with Months

1. Ngăw sàam yūet fàan hōei Yìng-gwōk.
2. Lăy sèen-sàang ňg yūet lăi Hèong Góng.
3. Ngăw-dāy gáu yūet yīu dōok-shùe.
4. Lōok yūet hái Yìng-gwōk yău hó dàw fà.
5. Sūp-yēe yūet mŏ fà.
6. Kŏei gáy-sĕe lăi?   Kŏei sàam yūet lăi.
7. Năy gáy-sĕe hōei Jòong-gwōk?   Ngăw yēe yūet hōei.
8. Hăw tāai-tāai* gáy-sĕe fàan-lăi?   Kŏei chàt yūet fàan.
9. Nèe-gāw hāi mèe-yé yūet?   Nèe-gāw hāi sāy yūet.
10. Gáu-yūet dèe hōk-sàang yīu fàan-lăi dōok-shùe.

VI. 'Give' with direct and indirect object.

1. Báy dèe chĕen* ngăw.
2. Báy gáw-bóon shùe Wŏng sèen-sàang.
3. Kŏei báy-jáw dèe fà Hăw tāai-tāai*.
4. Chéng năy báy-fàan dèe chĕen* ngăw.
5. Ngăw báy sāy mùn năy.

6. Ngăw yīu báy hó dàw chĕen* kŏei.
7. Báy gáw-bóon shùe Wŏng sèen-sàang.
8. Báy nèe-jèe bùt Lăy sèen-sàang.
9. Báy dèe bāak-sìk fà ngăw.
10. Kŏei yīu báy yàt bāak mùn ngăw.

LEARNING CHINESE

1. Năy déem-gáai dōok
   Jòong-mŭn?

   Why are you learning
   Chinese?

2. Yàn-wāi hó yăn yūng.

   Because it's very useful.

3. Hāi mā? Nèe-gàan hōk-
   hāau yău gáy-dàw gāw
   hōk-sàang?

   Really? How many students
   are there in this school?

4. Ngăw m̆-jèe. Ngăw
   gwóo yău chà-m̆-dàw
   sàam-sūp gāw hōk-
   sàang.

   I don't know. I think there
   are about thirty.

5. Năy wā hōk Jòong-
   mŭn năan m̆-năan nè?

   Do you think Chinese is
   difficult?

6. Hōk góng m̆-hāi sūp-
   fùn năan, dāan-hāi hōk
   sé tsēe hó năan.

   Learning to speak isn't very
   difficult; learning to write
   is very hard.

7. Hōk Yìng-mŭn yŏong-
   yēe m̆-yŏong-yēe nè?

   Is English easy?

8. M̆-hāi sūp-fùn yŏong-
   yēe.

   No, not very easy.

9. Năy wŏoi m̆-wŏoi sé
   Jòong-gwōk tsēe.

   Can you write Chinese?

10. Ngăw m̆-wŏoi dāan-hāi
    ngăw-gē păang-yău
    Lăw sèen-sàang wŏoi.

    No, but my friend Mr. Law
    can.

11. Kŏei sìk m̆-sìk tái Jòong-
    mŭn bō-jée?

    Can he read Chinese news-
    papers?

12. Mǎy; kŏei dōok-jáw Jòong-mǔn mŏ gáy nōy. Kŏei hó sìk góng Gwóng-dòong wā*.

Not yet; he hasn't studied Chinese very long. He speaks Cantonese very well.

13. Nǎy sìk m̀-sìk góng Gwōk-yǔe?

Can you speak Mandarin?

14. Síu, síu. Ngǎw núm Gwōk-yǔe mŏ Gwóng-dòong wā* gūm nǎan.

Just a little. I think Mandarin is not so difficult as Cantonese.

15. Nǎy wā , Gwōk-yǔe yŏong-yēe gwāw Gwóng-dòong wā* nè? Déem-gáai?

You think Mandarin is easier than Cantonese? Why?

16. Yàn-wāi Gwōk-yǔe mŏ gūm dàw yùm.

Because Mandarin hasn't so many tones.

17. Yěe-gà yǎu hó dàw Sài-yǎn hōk Jòong-gwōk wā*.

There are many Westerners learning Chinese now.

18. Hāi ā. Yěe-gà hó dàw Mǎy-gwōk tŏong-mǎai Yìng-gwōk dāai-hōk gāau Jòong-mǔn.

Yes. There are many American and British Universities teaching Chinese now.

19. Nǎy yīu hōk Gwóng-dòong wā* gáy-nōy?

How long will you study Cantonese?

20. Lěong sàam něen. Yàn-wāi ngǎw m̀-hāi yāt-yāt dōok-shùe, sáw-yěe ngǎw hōk-dùk hó māan.

For two or three years. As I am not studying every day I learn very slowly.

21. Nǎy yěe-gìng sìk góng hó dàw.

You can speak a lot already.

22. M̀-hāi, hó síu-gē jè. Gùm-yāt lǎi-bāai gáy? Lǎi-bāai ǹg, hāi m̀-hāi?

No, just a little. What's today? Friday?

23. M̀-hāi, gùm-yāt lǎi-bāai sāy.

No, today's Thursday.

24. M̌-gán-yīu. Ngǎw séong
chéng ngǎw-gē sèen-
sàang lǎi-bāai lōok sīk
chàan.

It doesn't matter. I would
like to invite my teacher to
a meal on Saturday.

Vocabulary

1. déem-gáai? why? (*lit.* 'how explain?').
2. yàn-wāi because.
3. yōong use, to use, yǎu yōong-useful.
4. jèe to know.
5. gwóo to think.
6. chà-m̌-dàw about, more or less (*lit.* 'differ not much').
7. nǎan difficult.
8. dāan-hāi but.
9. sé to write.
10. yǒong-yēe easy.
11. wǒoi to know how to.
12. Gwōk-yǔe Mandarin (*lit.* 'national language').
13. núm to think.
14. gwāw than, to cross.
15. yùm tone, sound.
16. Sài-yǎn European, Westerner (*lit.* 'west-man').
17. dāai-hōk university (*lit.* 'great learning').
18. gāau to teach.
19. něen year.
20. yāt-yāt daily, every day.
21. sáw-yěe therefore.
22. yěe-gìng already.
23. lǎi-bāai week, classifier 'gāw'.
24. lǎi-bāai sāy Thursday.
    lǎi-bāai ňg Friday.
    lǎi-bāai lōok Saturday.
25. m̌-gán-yīu it doesn't matter.
26. sèen-sàang teacher.
27. chàan a meal.

Notes

1. The word-order in Sentence 1 differs from English with the subject, as always, coming first, not the question-word 'why?'.

2. Many Chinese words can be nouns, verbs or adjectives according to context. In Sentence 2 'yōong' is a noun meaning 'usefulness'. It is just as frequently the verb 'to use'. Note also the simple construction 'very have use'. This could also be 'yǎu hó dàw yōong' but it would not be so idiomatic.

3. 'Jèe' (Sentence 4) is the verb 'to know' of facts and events, not to know a person or place and not to know how to.

4. Also in Sentence 4 we have the very common expression for 'about', 'approximately' or 'more or less'. It is sometimes rendered 'chà-bùt-dàw', 'bùt' being the literary (and Mandarin) word for the negative 'm̀'.

5. 'Wā', to say, speak, is used in Sentence 5 meaning to think. This is paralleled in English with 'you would say . . .'. Two of the standard words for 'to think' in the sense of to have an opinion, not to ruminate, are introduced in this Lesson, viz. 'gwóo' and 'núm'.

6. Learn the expression 'mǒ gáy nōy' by heart (as in so many other instances) rather than puzzle out the meaning. The literal rendering 'not have quite long' is very clumsy and in any case the meaning is clear.

7. In Sentence 12 there is another good example of 'hó' (very) used before the verb as in Sentence 2. There it was 'very have use' and here it is 'very know how to speak'. Another simple, neat Chinese usage.

8. In Sentence 13 we translate 'Gwōk-yŭe' with some reluctance as Mandarin as this word harks back to the Ch'ing Dynasty (before the Revolution of 1911 when China became a Republic). In those days the officials of the Imperial Government were called Mandarins by foreigners. They could speak 'official language' (i.e. the Peking form of Northern Chinese) but 'Gwōk-yŭe', National language, is a modern term with a very different connotation. However, we will have to use the word Mandarin for want of another.

9. In Sentence 15 the comparative 'than' is introduced. Note that the adjective does not assume the comparative form. 'Better' is 'hó-dèe' but 'he is better than me' is simply 'kŏei hó gwāw ngăw'.

10. Sentence 20. There is no need for the word 'or' when we say 'two or three' in Chinese.

11. Sentence 20. The duplication of a word is sometimes, but not very often, the method of intensifying its meaning or, as in this case, rendering 'every' or 'each'—'yāt-yāt'— 'every day'.

12. Sentence 20. The Chinese find nothing redundant about the usage 'because . . . therefore'. The English rendering begins 'as' (because) but it omits 'therefore' in the second half of the sentence.

13. The word for a 'week' is 'lăi-bāai' which means 'ritual' (or 'ceremonial) worship'. The division of time into a seven day period is a Western arrangement; here its religious origin is revealed in the two Chinese words.

Drill

I. Why? . . . Because.
1. Năy dèem-gáai lăi Hèong Góng? Yàn-wāi ngăw séong hōk Jòong-mŭn.
2. Déem-gáai chăw fày-gày hōei Yìng-gwōk? Yàn-wāi hó fāai.
3. Déem-gáai nèe-gā chè hăang-dùk gūm māan? Yàan-wāi m̌-hó.
4. Déem-gáai hōk Yìng-mŭn? Yàn-wāi hó yău yōong.
5. Déem-gáai gūm gwāi? Ngăw m̌-jèe.
6. Déem-gáai mŏ hōk-sàang? Yàn-wāi hōk-hāau hó gwāi.
7. Kŏei déem-gáai yāt-yāt lăi nèe-shūe? Yàn-wāi yīu măai yé.
8. Déem-gáai fàan òok-káy? Yàn-wāi gnăw yīu sīk fāan.
9. Năy déem-gáai jòong-yēe kŏei? Yàn-wāi kŏei hó lēng.
10. Nèe-dèe fà déem-gáai gūm gwāi ā? Ngăw gwóo yàn-wāi yĕe-gà hó síu fà.

II. 'not very long . . .'
1. Năy lăi-jáw gáy nōy? Mŏ gáy nōy.
2. Năy hōk-jáw Gwóng-dòong wā* gáy nōy? Mŏ gáy nōy.
3. Năy sìk Lăy sèen-sàang hó nōy mā? M̌-hāi, mŏ gáy nōy.
4. Kŏei hōei-jáw Măy-gwōk mŏ gáy nōy.
5. Năy hái Hèong Góng hó nōy? M̌-hāi, mŏ gáy nōy.

III. 'chà-m̀-dàw'—about, approximately.

1. Yĕe-gà gáy-déem jòong? Chà-m̀-dàw yàt déem.
2. Năy măai-jáw gáy-dàw fà? Chà-m̀-dàw yēe-sūp jèe.
3. Gáu-lŏong lăy Hèong Góng gáy-yŭen? Chà-m̀-dàw yàt Yìng lăy.
4. Nèe-gàan hōk-hāau yău gáy-dàw gāw hōk-sàang? Chà-m̀-dàw yàt bāak gāw.
5. Kŏei lăi-jáw Sìng-gā-bàw gáy-nōy? Chà-m̀-dàw sàam gāw yūet.
6. Lăy sèen-sàang hōk-jáw Gwóng-dòong wā* gáy nōy? Chà-m̀-dàw lĕong nĕen.
7. Năy yīu jūe gáy-nōy? Chà-m̀-dàw ǹg gāw lăi-bāai.
8. Jèong tāai-tāai* chéng gáy-dàw gāw yăn lăi sīk chàan? Chà-m̀-dàw yēe-sūp gāw yăn.
9. Năy yău gáy-dàw bō shùe? Chà-m̀-dàw yàt bāak bō.
10. Năy sìk gáy-dàw Jòong-gwōk tsēe? Hó síu, chà-m̀-dàw ǹg sūp gāw.

IV. '. . . not . . . as . . .'

1. Gwōk-yŭe mŏ Gwóng-dòong wā* gūm năan.
2. Ngăw mŏ kŏei gūm dāai.
3. Kŏei mŏ năy gūm lēng.
4. Nèe-dèe fà mŏ gáw-dèe gūm gwāi.
5. Chăw shŭen mŏ chăw fày-gày gūm gwāi.
6. Sìng-gā bàw mŏ Hèong Góng gūm dāai.
7. Yìng-gwōk mŏ Măy-gwōk gūm dāai.
8. Nèe-gā chè hăang-dùk mŏ gáw gā gūm fāai.
9. Nèe-gàan tsáu-dēem mŏ gáw-gàan gūm lēng.
10. Hōk sé tsēe mŏ hōk góng gūm yŏong-yēe.

V. The comparative 'than'.

1. Kŏei dāai gwāw ngăw.
2. Nèe-gā chè lēng gwāw gáw gā.
3. Nèe-dèe fà gwāi gwāw gáw-dèe.
4. Nèe-gàan hōk-hāau hó gwāw gáw gàan.
5. Fày-gày hăang fāai gwāw shŭen.
6. Ngăw hōk Gwóng-dòong wā* māan gwāw kŏei.
7. Nèe-dèe sàang-gwáw pěng gwāw gáw-dèe.
8. Yìng-gwōk wā* yău yōong gwāw Jòong-gwōk wā*.
9. Hōk sé tsēe năan gwāw hōk góng.
10. Nèe-dèe tsēe hó gwāw gáw-dèe.

VI. 'because . . . therefore'.

1. Yàn-wāi gùm-yāt lăi-bāai sáw-yĕe ngăw m̆-măai yé.
2. Yàn-wāi kŏei m̆-jòong-yēe tài hāy sáw-yĕe m̆-hōei.
3. Yàn-wāi hōk-hāau lăy nèe-dō hó yŭen sàw-yĕe ngăw chăw chè hōei.
4. Yàn-wāi kŏei yāt-yāt dōok-shùe sáw-yĕe hó sìk Jòong-mŭn.
5. Yàn-wāi chăw shŭen gwāi sàw-yĕe kŏei chăw fày-gày hōei.
6. Yàn-wāi kŏei gūm lēng dèe hōk-sàang jòong-yēe kŏei.
7. Yàn-wāi nèe-gàan pō-tău* gūm gwāi sáw-yĕe hó síu yăn lăi măai yĕ.
8. Yàn-wāi nèe-jèe bùt m̆-hó ngăw m̆-măai.
9. Yàn-wāi kŏei séong hōk Jòong-mŭn sáw-yĕe lăi nèe-dō dōok-shùe.
10. Yàn-wāi sìk hó dàw tsēe sáw-yĕe sìk tái bō-jée.

VII. The days of the week.

lăi-bāai yāt (or—lăi-bāai)	Sunday
lăi-bāai yàt	Monday
lăi-bāai yēe	Tuesday
lăi-bāai sàam	Wednesday
lăi-bāai sāy	Thursday
lăi-bāai ňg	Friday
lăi-bāai lōok	Saturday

1. Gùm-yāt lăi-bāai gáy?   Gùm-yāt lăi-bāai sàam.
2. Tìng-yāt lăi-bāai gáy?   Tìng-yāt lăi-bāai lōok.
3. Chŭm-yāt lăi-bāai gáy?   Chŭm-yāt lăi-bāai.
4. Lăy sèen-sàang lăi-bāai yàt lăi.
5. Hăw sèen-sàang lăi-bāai sāy hōei Măy-gwōk.
6. Ngăw lăi-bāai sāy hōei Gáu-lŏong.
7. Ngăw-dāy lăi-bāai lōok hōei tái hāy.
8. Gùm-yāt lăi-bāai ňg hāi m̀-hāi?   M̀-hāi, gùm-yāt lăi-bāai lōok.
9. Năy lăi-bāai sàam hōei mā?   M̀-hāi, ngăw lăi-bāai sāy hōei.
10. Lăi-bāai lōok yău hó dàw yăn hōei măai yé.

Practice with 'week'.

1. Yàt gāw lăi-bāai yău chàt yāt.
2. Nèe-gāw lăi-bāai ngăw hōei Sìng-gā-bàw.
3. Yàt gāw yūet yău sāy gāw lăi-hāai.
4. Ngăw lăi-jáw Hèong Góng sàam gāw lăi-bāai.
5. Lăy sèen-sàang lăi-jáw lĕong gāw lăi-bāai.
6. Nèe-gāw lăi-bāai ngăw m̀-hōei tái hāy.
7. Năy lăi-jáw Hèong Góng gáy-nŏy?   Lĕong gāw lăi-bāai.
8. Nèe-gāw lăi-bāai kŏei yīu dōok-shùe.

More Practice

Read aloud and answer in as many ways as possible.

1. Năy déem-gáai hōk góng Gwóng-dòong wā*?
2. Năy gwóo Gwōk-yŭe năan gwāw Gwóng-dòong wā* mā?
3. Bèen-gāw wŏoi góng Gwōk-yŭe?
4. Hái Yìng-gwōk yău mŏ hōk-hāau gāau Jòong-mŭn?
5. Nèe-gàan hōk-hāau yău chà-m̀-dàw gáy-dàw gāw hōk-sàang?
6. Năy jèe m̀-jèe nèe-dō yău gáy-dàw gāw hōk-sàang?
7. Wŏng sèen-sàang hāi m̀-hāi Sài-yăn?
8. Năy lăi-jáw nèe-shūe gáy-dàw nĕen?
9. Fày-gày gáy-déem jòong lăi?
10. Tìng-yāt lăi-bāai, năy hōei m̀-hōei hōk-hāau?
11. Năy hāi m̀-hāi dāai gwāw kŏei?
12. Yìng-mŭn yŏong-yēe m̀-yĕong-yēe nè?
13. Năy lăi-jáw hó nŏy mā?
14. Năy yĕe-gìng sìk tái bō-jée, hāi m̀-hāi?
15. Năy déem-gáai chòot-gàai?
16. Kŏei chà-m̀-dàw gáy-déem fàan òok-káy?
17. Bèen-gāw wŏoi góng Gwōk-yŭe?
18. Hōk sé tsēe năan m̀-năan nè?
19. Năy wā mŏ gūm dàw hōk-sàang lăi; déem-gáai?
20. Hōk góng Yìng-gwōk wā* yău mŏ yōong?

LUNCH

1. Yúm bòoi chǎ là.	Have a cup of tea.
2. M̌-gòy. Nèe-dèe chǎ hó hó yúm.	Thanks. This tea is very good.
3. Gáy hó. Nèe-dèe hāi Jòong-gwōk chǎ. Hó hèong.	Quite good. It's Chinese tea, very fragrant.
4. Sīk dèe déem-sùm là. Nǎy híu m̌-híu yōong fāai-tsée?	Have some 'deem-sum'. Can you use chop-sticks?
5. Híu, m̌-hāi gáy nǎan yōong.	Yes, they're not very difficult to use.
6. Yǎu hó dàw yēong* déem-sùm. Nǎy jòong-yēe mùt-yě?	There are many kinds of 'deem-sum'. What would you like?
7. Nèe-dèe hāi mèe-yě?	What are these?
8. Nèe-dèe hāi hà, gáw-dèe hāi jùe-yōok, gáw-bēen gáw-dèe hāi gài.	These are shrimps, that's pork and that over there is chicken.
9. Ngǎw jòong-yēe sīk gài.	I would like chicken.
10. Ōy m̌-ōy fāan? Bāak fāan? Cháau fāan?	Would you like rice? Boiled rice? Fried rice?
11. Yàt wóon cháau fāan. Nǎy hāi m̌-hāi sěe-sěe lǎi nèe-shūe sīk ān-jāu?	A bowl of fried rice. Do you always come here for lunch?
12. M̌-hāi, yǎu sěe fàan òok-káy, yǎu sěe hōei dāi-yēe gàan tsáu-gà.	No, sometimes I go home and sometimes I go to another restaurant.

13. Nèe-dèe sōong sūp fùn   The food is very good.
    hó sīk.
14. Hó pǐng-sěong. M̄-hó   Very ordinary. You are too
    hāak-hāy. Chéng sīk dèe   kind. Have some vegetables.
    chōy. Ōy-m̄-ōy tòng?   Would you like soup?
15. Ngăw sīk-dùk hó báau.   I've really had enough.
    Năy sīk hó síu.   You have had very little.
16. M̄-hāi. Ngăw yīu sīk   Oh no. I'll have some noodles.
    dèe mēen. Wài! Fáw-   Waiter! Bring a dish of
    gāy! Nìng yàt dēep   noodles.
    mēen lǎi.
17. Ngăw jōong ōy dèe   I would like some more
    chǎ . . . m̄-gòy. Èi-yā!   tea . . . thank you. I say!
    Lěong déem jòong!   It's two o'clock. I must go
    Ngăw yīu fàan sé-tsēe-   back to the office.
    lǎu.
18. Fáw-gāy! Măai-dàan!   Waiter! Bring the bill!
19. Dàw-tsē, dàw-tsē.   Thank you very much.
20. M̄-hó hāak-hāy. Tsōy   Not at all. Goodbye.
    gēen.

Vocabulary

1. yùm   to drink.
2. bòoi   a cup, classifier 'jēk'.
3. chǎ   tea.
4. hèong   fragrant, as in 'Hèong Góng'.
5. déem-sùm   savouries (*lit.* 'touch heart').
6. híu   to know how to.
7. fāai-tsée   chopsticks.
8. yēong*   sort, kind, manner.
9. hà   shrimps.
10. jùe-yōok   pork (*lit.* 'pig flesh'), classifier for pig—jēk.
11. gáw-bēen   over there.
12. gài   chicken, classifier 'jēk'.
13. bāak fāan   boiled rice (*lit.* 'white rice').

14. cháau to fry.
    cháau fāan fried rice.
15. wóon a bowl, classifier 'jēk'.
16. sĕe-sĕe always, frequently.
17. yău sĕe sometimes.
18. dāi-yēe another, second.
19. sōong food, dishes.
20. pĭng-sĕong ordinary.
21. hāak-hāy ceremonious (*lit.* 'guest air').
22. chōy vegetables, food.
23. tòng soup.
24. báau eaten to satisfaction.
25. mēen noodles.
26. fáw-gāy waiter, shop-assistant.
27. nìng to bring, take.
28. dēep a plate, dish, classifier 'jēk'.
29. jōong still, yet.
30. sé-tsēe-lău office (*lit.* 'write characters building').
31. măai dàan bring the bill (*lit.* 'bring close bill'),
    classifier for 'dàan'—jèong.

Notes

1. There are many final particles in Cantonese. They usually have no meaning and are used for euphony as in Sentence 1 where 'là' makes the order 'drink a cup of tea' less abrupt but no less imperative.

2. In this Dialogue, Sentence 2 and others, there are many examples of the plural classifier 'dèe'. Note that it is used for some objects which are not plural such as 'tea'. In Sentence 4 'dèe' is used to mean 'some'.

3. Note how the Chinese say 'the tea is very good to drink'.

4. 'Déem-sùm', Sentence 4, is a typically Cantonese form of lunch. Meaning literally 'touch the heart' 'déem-sùm' consists of a variety of small savoury dishes served in little round boxes carried in trays by waitresses who wander about the restaurant shouting their wares. The real names for 'déem-sùm' dishes are not given in this Lesson as they would be too advanced at this stage. Instead the words for some of the most important foods are introduced.

5. 'Cháau fāan' is not only fried rice; it includes small pieces of pork and possibly other things.

6. Note the use of hāi m̄-hāi' to convey the sense of 'is it the case that . . .' in Sentence 11. Also in this Sentence we have an example of the duplication of a word to intensify it, in this case to mean 'always' or 'frequently'. The word 'sĕe' meaning 'time' was introduced in Lesson 2 in the compound 'gáy-sĕe?', meaning 'when?'.

In the next Sentence, 12, 'sĕe' occurs again, in the neat expression for sometimes—'yău sĕe', literally 'have times' or 'there are times'.

7. Note how the word for 'second' or 'number two' is used for 'another' in Sentence 12.

8. In Sentence 14 the expression 'm̄-hó hāak-hāy' is very difficult to translate. It is sometimes rendered 'do not stand on ceremony' but we never say this in English now. It is best not translated at all and this goes for all conversation. You should speak and think in the language you are learning and should not put it into English even mentally unless you have to act as an interpreter.

This idiom also gives the first example of the most common form of the negative command—'don't', which is rendered simply by 'm̄-hó' plus a verb, although in this instance the verb is omitted.

9. Another untranslatable is found in Sentence 15—'ngăw sīk-dùk hó báau'—literally 'I eat get full'. Although impolite in English it is good manners in Chinese.

10. The verb 'nìng' needs either 'lăi' (come) or 'hōei' (go) after the object which is being brought—or taken. 'Nìng' is only used with objects which can be carried in the hands.

11. In Sentence 17 we meet the very useful word 'jōong' meaning 'still' used along with 'ōy' to render 'want more'. 'I still want some tea' is a logical way of putting it. It is closer to the English in the phrase 'kŏei jōong hái shūe'—'he is still here'.

Drill

I. Various uses of 'hó'—'good', 'very'.

   (*a*) very.
     1. Kŏei hó lēng.
     2. Nèe-gàan hōk-hāau hó dāai.
     3. Nèe-dèe fà hó hèong.
     4. Nèe-bō shùe hó gwāi.
     5. Gáw-jēk gài hó pĕng.

   (*b*) good, well, all right.
     1. Nèe-gāw hōk-sàang hó, gáw-gāw m̆-hó.
     2. Nèe-gàan tsáu-gà m̆-hāi gáy hó.
     3. Bèen-gāw tsōei hó?   Ā Yìng tsōei hó.
     4. Ngăw lăi-bāai sāy lăi, hó m̆-hó?   Hó.
     5. Nèe-gā chè hăang-dùk hó hó.

   (*c*) with verbs.
     1. Nèe-dèe cháau fāan hó sīk.
     2. Nèe-dèe chă hó yúm.
     3. Yìng-mŭn hó yău yōong.

4. Ngăw jòong-yēe tèng kŏei góng, hó hó tèng.
5. Năy wā lēng m̌-lēng? Lēng, hó hó tái.
6. Nèe-dèe jùe-yōok m̌-hó sīk.
7. Kŏei sìk góng Gwōk-yŭe dāan-hāi kŏei-gē yùm m̌-hó tèng.
8. Lăy sèen-sàang hó sìk góng Gwóng-dòong wā*.
9. Kŏei hó wŏoi jà chè.
10. Ngăw hó jòong-yēe sīk Jòong-gwōk chàan.

(d) in the negative meaning 'don't'.

1. M̌-hó sīk nèe-dèe jùe-yōok yàn-wāi m̌-hó sīk.
2. M̌-hó góng Jòong-gwōk wā*, ngăw m̌-híu tèng.
3. M̌-hó tèng kŏei, kŏei m̌-hó yăn.
4. M̌-hó măai nèe-dèe gài . . . hó gwāi.
5. M̌-hó chăw shŭen hōei Măy-gwōk, chăw fày-gày hó-dèe.
6. M̌-hó hăang gūm fāai.
7. M̌-hó fàan òok-káy sīk fāan; nèe-shūe dèe déem-sùm hó hó sīk.
8. Yĕe-gà m̌-hó góng Yìng-mŭn; năy yīu sĕe-sĕe góng Gwóng-dòong wā*.
9. M̌-hó hōei gáw-gàan pō-tău*; dèe yĕ hó gwāi.
10. M̌-hó hāak-hāy.

II. Is it the case that . . .?

1. Năy hāi m̌-hāi lăi Hèong Góng tsō sàang-yēe? M̌-hāi, ngăw lăi dōok-shùe.
2. Kŏei-dăy hāi m̌-hāi hōk góng Gwōk-yŭe? M̌-hāi.
3. Năy hāi m̌-hāi măai sàang-gwáw? M̌-hāi, ngăw măai fà.
4. Năy hāi m̌-hāi jòong-yēe sīk déem-sùm? Hāi, ngăw jòong-yēe.

5. Năy hāi m̄-hāi jūe-jáw Hèong Góng hó nōy? Mŏ gáy nōy.

6. Năy hāi m̄-hāi lăi-bāai lōok báy chěen*? Hāi, ngăw lăi-bāai lōok báy.

7. Ā Wŏng hāi m̄-hāi tsō fáw-gáy? Hāi, kŏei tsō fáw-gāy.

8. Kŏei hāi m̄-hāi sìk góng Yìng-mŭn? Hāi, kŏei sìk.

9. Năy-dăy hāi m̄-hāi lăi nèe-dō gēen Hăw sèen-sàang? Hāi.

10. Năy hāi m̄-hāi lăi nèe-gàan hōk-hāau dōok-shùe? Hāi, ngăw lăi dōok-shùe.

III. Uses of 'sĕe'—when, sometimes, always.

1. Năy gáy-sĕe lăi Sìng-gā-bàw? Ngăw chŭm-yāt lăi.

2. Kŏei yău sĕe hōei Hèong Góng, yău sĕe hōei Gáu-lŏong.

3. Ngăw yău sĕe sīk jùe-yōok, yău sĕe sīk gài.

4. Kŏei sĕe-sĕe lăi nèe-shūe tái shùe.

5. Ngăw sĕe-sĕe lăi nèe-gàan tsáu-gà sīk ān-jāu.

6. Kŏei gáy-sĕe măai fà? Yău sĕe lăi-bāai yàt, yău sĕe lăi-bāai sàam.

7. Lăy sèen-sàang gáy-sĕe lăi? Kŏei sĕe-sĕe dò lăi.

8. Hăw tāai-tāai* sĕe-sĕe dò hōei tsáu dēem yúm chă.

9. Nèe-dō sīk fāan yău sĕe gwāi yău sĕe pĕng.

10. Jèong tāai-tāai* sĕe-sĕe dò hōei gēen păang-yău.

(In Sentences 8 and 10 'dò' is added to 'sĕe-sĕe' to intensify it. See Lesson 2.)

IV. 'dèe', the plural classifier, used for 'the' and 'some'.

(a) the

1. Dèe déem-sùm nèe-shūe hó hó sīk.
2. Dèe fà gùm-yāt hó gwāi.
3. Dèe hōk-sàang hó sìk góng Jòong-gwōk wā*.
4. Dèe hà m̀-hāi sūp-fùn hó.
5. Dèe chǎ hó hèong.
6. Dèe hōk-sàang hūm-bā-lāang dò hāi Sài-yǎn.
7. Dèe sāi-mùn-tsái hó jòong-yēe tái hāy.
8. Dèe cháau fāan sūp-fùn hó sīk.
9. Dèe tsáu-dēem hái Hèong Góng hó lēng.
10. Dèe fáw-gāy m̀-sìk góng Yìng-gwōk wā*.

(b) some

1. Sīk dèe cháau fāan là.
2. Yǎu dèe hōk-sàang m̀-sìk góng Yìng-mùn.
3. Yǎu dèe hāi Jòong-gwōk yǎn, yǎu dèe hāi Sài-yǎn.
4. Chéng sīk dèe mēen.
5. Nìng dèe bùt tǒong jée lǎi.
6. Nǎy ōy m̀-ōy mǎai dèe fà? Yīu.
7. Ngǎw jòong-yēe sīk dèe sàang-gwáw.
8. Nèe-gāw hōk-sàang yǎu dèe chěen*, gáw-gāw mǒ.
9. Yǎu dèe Jòong-gwōk tsēe hó nǎan, yǎu dèe hó yǒong-yēe.
10. Yǎu dèe hāy-chè hái nèe-tǐu lō.

V. 'nìng'—to bring or take.

1. Nìng bòoi chǎ lǎi.
2. Nìng sàam jèe bùt lǎi.
3. Nìng nèe-bō shùe hōei gáw-shūe.
4. Nìng nèe-dèe fà báy kǒei.
5. Fáw-gāy, nìng dèe déem-sùm lǎi.

VI. 'jōong' meaning 'still' or 'more', i.e. additional, not comparative.

1. Ngăw jōong ōy dèe chă. (Sentence 17.)
2. Dèe hōk-sàang jōong hái shūe. (The students are still here.)
3. Lăy sèen-sàang jōong hái tsáu-dēem jūe.
4. Wŏng tāai-tāai* fàan-jáw òok-káy māy? Māy, kŏei jōong hái shūe.
5. Năy jōong yīu măai mùt-yĕ? (What else do you want to buy?)
6. Ngăw jōong yīu măai dèe jùe-yōok.
7. Jōong yǎu hó dàw fāan. (There is still plenty of rice.)
8. Jōong yǎu mŏ chĕen*? (Have you any money left?) Jōong yǎu.
9. Jōong yǎu mŏ chă? Jōong yǎu hó dàw.
10. Nèe-gāw hōk-sàang jōong yīu dōok-shùe. (This student wants to go on studying.)
11. Jōong yīu m̆-yīu chă? Jōong yīu.
12. Jōong yǎu mŏ fŏng*? Jōong yǎu yàt gàan.
13. Jōong yǎu mŏ sèen-sàang gāau Gwōk-yŭe? Jōong yǎu lĕong gāw.
14. Jōong yǎu hó dàw sāi-mùn-tsái mŏ hōk-hāau.
15. Kŏei hōei-jáw Jòong-gwōk māy? Māy, kŏei jōong hái Hèong Góng.

More Practice

Read aloud, answer questions, and make up two or three additional examples of the patterns in each sentence.

1. Ngăw jōong yīu yùm chă.
2. Dèe hōk-sàang hāi m̆-hāi Sài-yăn?
3. Yǎu sĕe dèe hōk-sàang m̆-lăi. Déem-gáai?
4. Wŏng tāai-tāai* sĕe seĕ hōei Wàan-tsái măai fà.
5. Năy hāi m̆-hāi yāt-yāt sīk déem-sùm?

6. M̌-hó sīk nèe-dèe gài.   Déem-gáai?
7. Năy sīk-dùk báau mǎy?
8. Dèe chǎ hèong m̌-hèong?
9. Năy jōong yǎu mǒ chěen*?
10. Kǒei-gē hāy-chè jōong hái-shūe.
11. Fáw-gāy, jōong yǎu mǒ tòng?
12. Dèe hōk-sàang hó m̌-hó?
13. Năy wǒoi m̌-wǒoi yōong fāai-tsée?
14. Kǒei hāi m̌-hāi sěe-sěe chǎw fày-gày hōei Yìng-gwōk?
15. Năy yāt-yāt sīk gáy-dàw wóon fāan?
16. Năy jòong-yēe bǎak fāan dīng cháau fāan?
17. M̌-hó góng Yìng-mǔn.   Déem-gáai?
18. Fáw-gāy! Mǎai dàan! Gáy-dàw chěen*?
19. Dèe sōong hó m̌-hó sīk?
20. Hōk góng Jòong-gwōk wā* yǎu mǒ yōong?

INTERVIEW

1. Năy sīng mèe-yě?	What is your surname?
2. Ngăw sīng Chŭn.	My surname is Chun.
3. Năy gīu-tsō̄ mèe-yě měng*?	What are your 'given' names?
4. Ngăw gīu-tsō̄ Hōk-Mĭng.	My 'given' names are Hok-Ming.
5. Năy gáy-dàw sōei?	How old are you?
6. Ngăw yā-chàt sōei.	Ī am twenty-seven.
7. Năy hái bèen-dō̄ chòot-sāi?	Where were you born?
8. Ngăw hái Gwóng-jàu chòot-sāi.	I was born in Canton.
9. Năy gáy-sěe lăi Hèong Góng?	When did you come to Hong Kong?
10. Ngăw yàt gáu ňg bāat nĕen lăi.	In 1958.
11. Năy gēet-jáw fùn mǎy?	Are you married?
12. Gēet-jáw fùn sāy nĕen.	Yes, I got married four years ago.
13. Năy yău mǒ tsái-nŏei?	Have you any children?
14. Yàt gāw tsài, yàt gāw nŏei.	Yes, a boy and a girl.
15. Năy yěe-gà tsō̄ mèe-yě sēe?	What are you doing now?
16. Ngăw hāi gāau-yŭen.	I am a teacher.
17. Hái bèen-shūe gāau-shùe?	Where are you teaching?

18. Hái yàt gàan jòong-hōk.

In a middle school.

19. Năy gāau mùt-yĕ?

What do you teach?

20. Ngăw gāau Yìng-mŭn.

I teach English.

21. Yēen-tsōy séong tsō mùt-yĕ nè?

What do you want to do now?

22. Ngăw séong tsō bāy-shùe.

I want to become a secretary.

23. Năy yīu gáy-dàw sùn-sóei?

What salary do you want?

24. Yàt chèen mùn.

One thousand dollars.

25. Tāai dàw. Dáng yàt tsūn, ngăw yīu tèng dēen-wā*. Wái? Bèen-wāi* góng? . . . Ngăw m̆-dùk-hăan, dōei m̆-jūe. . . . Chŭn sèen-sàang, m̆-hó yēe-sēe. Năy wā yīu yàt chèen mùn? Ngăw báy chàt bāak n̆g. Yŭe-gwáw năy tsō-dùk hó, wāak-tsé ngăw báy dàw-dèe. Hó m̆-hó?

Too much. Wait a moment. I must answer the telephone. Hullo, who's speaking? I'm sorry, I'm busy. I'm sorry, Mr. Chun. You said you wanted a thousand dollars? I'll give you seven hundred and fifty. If you do well perhaps I'll give you more. Is that all right?

26. Hó.

Yes.

27. Ngăw m̆-gāy-dùk mūn năy . . . năy sìk dá-tsēe mā?

I forgot to ask you . . . can you type?

28. Yàt dīng sìk. Ngăw gáy nĕen chèen hōk dá-tsēe.

Yes, of course. I learned to type a few years ago.

29. Chéng tái nèe-fòong sūhn . . . hāi Yìng-mŭn-gē. Năy mĭng m̆-mĭng-bāak?

Please read this letter . . . it's in English. Do you understand?

30. Mǐng-bāak.   Yes, I do.
31. Hó là. Chéng nǎy sàam   Good. Come to work on
    yūet yàt hō lǎi tsō.   March first.

Vocabulary

 1. Chǔn a surname. (Pronunciation: rhymes exactly
    with 'gun'.)
 2. gīu to call, summon.
    gīu-tsō to be called, named.
 3. měng* the 'given' name.
 4. sōei years (of age).
 5. yā twenty; alternative to 'yēe-sūp'.
 6. chòot-sāi to be born (lit. 'come out world').
 7. Gwóng-jàu Canton.
 8. gēet-fùn to get married.
 9. chěen before.
10. tsài-nǒei children, sons and daughters.
11. tsái a son; diminutive suffix.
12. nǒei daughter, woman.
13. sēe affairs, business.
14. gāau-yǔen a teacher.
15. gāau-shùe to teach (lit. 'teach books').
16. jòong-hōk middle school.
17. yēen-tsōy now, alternative to 'yěe-gà'.
18. bāy-shùe a secretary.
19. sùn-sóei a salary.
20. tāai too; great.
21. dáng to wait.
22. tsūn a moment.
23. dēen-wā* telephone (lit. 'electric speak').
24. bèen-wāi*? who? Polite alternative to 'bèen-gāw?'.
25. m̌-dùk-hǎan busy.
26. dōei m̌-jūe I'm very sorry.
27. m̌-hó yēe-sēe I'm sorry.

28. yŭe-gwàw   if.

29. gāy   to remember.

30. dá-tsēe   to type (*lit.* 'strike characters').

31. yàt-dīng   certainly.

32. sūhn   a letter, classifier 'fòong'.

33. mĭng-bāak   to understand (*lit.* 'bright-white').

34. hō̄   a number, date.

Notes

1. Chinese Names. See Lesson 7, Note 1. Although we say: 'Ngăw sīng Wŏng, kŏei sīng Chŭn', we cannot use 'mĕng*' in the same way and must always use the verb to 'be called': 'Ngăw gīu-tsō̄ Măy-yìng, kŏei gīu-tsō̄ Lēen-wă'.

   'Gīu-tsō̄' is a compound of 'gīu', to call, and 'tsō̄', to do.

2. Note that there are two words for 'year' in Chinese; 'nĕen' is the calendar year; 'sō̄ei' is years of age.

3. To say 1967, 1973, etc., the Chinese, rather clumsily, give each digit (Sentence 10) or they may say 'one thousand nine hundred etc.'.

4. In asking a person if he or she is married (Sentence 11) the Chinese say 'Are you married *yet*', a presumption we would not make in English.

5. The word for 'ago'—'chĕen'—comes in the same place in the sentence as its English counterpart. Thus:

> sāy nĕen chĕen   four years ago.
> hó dàw nĕen chĕen   many years ago.

We will come to other uses of this word to render 'before' in a later Lesson.

6. We have already learned the word for children in Lesson 3—'sāi-mùn-tsái'. That is the general term. When referring to children of someone, i.e. sons and daughters, the expression in Cantonese is 'tsái-nŏei'. 'Tsái' is the word for a son but is also used frequently as a diminutive after a noun, e.g. 'Hèong Góng tsái'—little Hong Kong, the Chinese name for the fishing town of Aberdeen on the island of Hong Kong. 'Nŏei' by itself is the word for woman. To render 'girl' we say 'nŏei-tsái'. 'Boy' as opposed to 'son' is 'năam-tsái', 'năam' meaning 'male'.

7. In Sentence 17 the employer asks 'năy tsō mèe-yĕ sēe?'. This is more polite than the alternative 'năy tsō mèe-yĕ gòong?'. 'Sēe' means affairs and 'gòong', meaning work, has the connotation of manual labour.

8. The verb 'gāau'—to teach—prefers having an object as 'dōok' in 'dōok-shùe'. It thus means literally 'teach books'. To render 'What do you teach?', Sentence 19, the Chinese say 'teach what books?'. The same is done in 'What are you studying?'—'Năy dōok mèe-yĕ shùe?'.

9. Sentence 25. There are two ways of rendering 'too' in Cantonese:

    1. tāai plus adjective.
    2. adjective plus 'gwāw tău' (*lit.* 'across head').

'tāai' is the Mandarin usage which has influenced Cantonese in recent years and is now as common as the native form.

10. There are two ways to say 'sorry' in Cantonese, both illustrated in Sentence 25.

    1. dōei m̀-jūe   This is stronger than the other and has the sense 'I can't face you'.

2. m̌-hó yēe-sēe   This suggests some embarrassment
                   on the part of the speaker (*lit.* 'not
                   good meaning').

11. Sentence 27. Cantonese prefer to say 'I can't remember'
—'Ngǎw m̌-gāy-dùk' rather than 'I forget' though this is
also said.

12. The pronunciation of 'sūhn' in Sentence 29 is something
between 'oo' and 'u'. It has no equivalent in English.

Drill

I. Names.

   1. Nǎy gwāi sīng?   Síu sīng Wǒng (polite form).
   2. Kǒei sīng mùt-yě?   Kǒei sīng Chǔn.
      Nǎy nè?   Ngǎw sīng Lǎy.
   3. Gáw-gāw nǒei-tsái gīu-tsō̄ mèe-yé?   Kǒei gīu-
      tsō̄ Ā Yìng.
   4. Nèe-gāw nǎam-tsái gīu-tsō̄ mèe-yé měng*?
      Kǒei gīu-tsō̄ Ā Mǐng.
   5. Nǎy gīu-tsō̄ mèe-yé měng*?   Ngǎw gīu-tsō̄ Mǔn-
      sàan.

II. Age, years.

   1. Nǎy gáy-sěe chòot-sāi?   Ngǎw yàt gáu sāy yàt
      něen chóot-sāi.
   2. Ā Yìng gáy-dàw sōei?   Yēe-sǔp sōei.
   3. Kǒei yàt gáu sāy bāat něen chòot-sāi.
   4. Lǎy-sèen-sàang gáy-dàw sōei?   Kǒei yā-gáu
      sōei.
   5. Ngǎw yàt gáu ňg lǐng něen chòot-sāi; ngǎw
      chà-m̌-dàw yēe-sǔp sōei.

III. 'chěen'—ago.

1. Sàam něen chěen ngǎw hái Jòong-gwōk dōok-shùe.
2. Kǒei hōei-jáw Mǎy-gwōk lōok něen chěen.
3. Hó dàw něen chěen kǒei hái Hèong Góng tsō sēe.
4. Sāy gāw yūet chěen kǒei hái nèe-shūe jūe.
5. Kǒei sàam gāw lǎi-bāai chěen gēet-jáw fùn.

IV. Teaching and studying.

1. Kǒei hāi gāau-yǔen.
2. Kǒei gāau shùe. Gāau mèe-yě shùe?
3. Kǒei gāau Jòong-mǔn. Ngǎw gāau Yìng-mǔn.
4. Kǒei dōok-shùe. Dōok mèe-yě shùe?
5. Kǒei dōok Yìng-mǔn, ngǎw dōok Jòong-mǔn.

V. Too. 'tāai' . . . and . . . 'gwāw-tǎu'.

1. Nèe-dèe gài tāai gwāi.
2. Gáw-dèe jùe-yōok gwāi gwāw-tǎu.
3. Jòong-gwōk tsēe yǎu tāai dàw.
4. Kǒei sěe-sěe sīk dàw gwāw-tǎu.
5. Nèe-gā chè hǎang-dùk tāai mǎan.
6. Nèe-gàan hōk-hāau dèe hōk-sàang tāai dàw.
7. Ngǎw gàan fǒng* dāai gwāw-tǎu.
8. Kǒei-gē sāi-mùn-tsái tāai dàw, chěen* tāai síu.
9. Hōei Yìng-gwōk yǔen gwāw-tǎu.
10. Kǒei-gē sùn-sóei tāai síu.

VI. If.

1. Yŭe-gwáw yāt-yāt tèng Jòong-gwōk wā* hó
   yŏong-yēe hōk.
2. Yŭe-gwáw năy hōu Hèong Góng chéng hōei
   ngăw òok-káy.
3. Yŭe-gwáw Lăy sèen-sàang m̆-lăi ngăw mŏ
   hōk-sàang.
4. Yŭe-gwáw dèe fà tāai gwāi m̆-hó măai.
5. Yŭe-gwáw năy m̆-gāy-dùk măai sōong ngăw-dāy
   mŏ yĕ sĭk.

More Practice

Read aloud and answer the following:

1. Năy gīu-tsō mèe-yĕ mĕng*? . . . Năy-gē păang-yău
   nè?
2. Năy gēet-jáw fùn măy? . . . Lăy sèen-sàang nè?
3. Năy gáy-dàw sōei? Năy tāai-tāai* tŏong-măai tsái-
   nŏei nè?
4. Bèen-wāi* hái Jòong-gwōk chòot-sāi? Năy nè?
5. Wŏng sèen-sàang gāau mèe-yĕ shùe? Lăy sèen-sàang
   nè?
6. Năy gāy-dùk m̆-gāy-dùk nèe-wāi* sèen-sàang? Kŏei
   sīng mèe-yĕ?
7. Năy gāy-dùk ngăw? . . . Ngăw gīu-tsō mùt-yĕ mĕng*?
8. Yŭe-gwáw ngăw góng Gwóng-dòong wā* năy mĭng
   m̆-mĭng-bāak nè?
9. Wŏng tāai-tāai* wā m̆-hó măai dèe fà; déem-gáai?
10. Năy gáy-sĕe gēet-fùn? Hāi m̆-hāi sūp nĕen chĕen?
11. Năy-gē bāy-shùe wŏoi m̆-wŏoi dá-tsēe?
12. Chéng hōei tèng dēen-wā*; bèen-gāw góng?
13. Năy hāi m̆-hāi sĕe-sĕe sé sūhn?
14. Nèe-fòong sūhn hāi Yìng-mŭn-gē; năy sìk m̆-sìk tái?

15. Jòong-gwōk shùe năan m̌-năan mǐng-bāak?
16. Năy tsō̄ mèe-yě sēe? . . . Lǎy sèen-sàang nè?
17. Năy dùk hǎan m̌-dùk hǎan gēen ngăw-gē pǎang-yǎu?
18. Wǒng sèen-sàang wā kǒei m̌-dùk hǎan; déem-gáai?
19. Dèe fà hāi m̌-hāi gwāi gwāw-tǎu?
20. Kǒei-gē sùn-sóei hāi m̌-hāi tāai dàw?

WEATHER

1. Gùm-yāt jùn hāi hó yēet.

   It's very hot today.

2. Hāi, chŭm-yāt lĕong-sóng-dèe yàn-wāi lōk yŭe.

   Yes, it was cooler yesterday because it rained.

3. Chŭm-yāt lōk hó dāai yŭe. Hèong Góng-gē tèen-hāy hāi gúm yēong*. Sāy ňg gāw yūet hó yēet, lĕong sàam gāw yūet hó lăang, sàam sāy gāw yūet nŭen-nŭen-dáy.

   There was very heavy rain yesterday. Hong Kong's weather is like that; four or five months very hot, two or three months very cold and three or four months fairly warm.

4. Chŭm-măan yàn-wāi gūm yēet, ngăw gōk-dùk hó m̀-shùe-fōok. Hó năan fūn-gāu.

   Last night I felt very uncomfortable because of the heat. It was difficult to sleep.

5. Nǎy mǒ lăang-hāy?

   You have no air-conditioning?

6. Mǒ, ngăw séong măai yàt gā lăang-hāy gày. Nǎy gùm-yāt yău mǒ hōei dá-bàw?

   No, I would like to buy an air-conditioner. Did you play (foot) ball today?

7. Ngăw mǒ hōei, yàn-wāi yēet gwāw-tǎu.

   No, I didn't; it was too hot.

8. Hāi jùn-gē. Yēen-tsōy
   hó dāai fòong. Nǎy
   núm wǒoi m̌-wǒoi dá-
   fòong nè?

   Indeed it was. It's very
   windy now. Do you think
   there will be a typhoon?

9. Ngǎw núm m̌-wǒoi. Dèe
   fòong m̌-hāi sūp-fùn
   dāai.

   I don't think so. The wind
   isn't terribly strong.

10. Nǎy yǎu mǒ hōei-gwāw
    Yìng-gwōk?

    Have you ever been to
    England.

11. Ngǎw māy hōei-gwāw.
    Nǎy nè?

    No, have you?

12. Ngǎw hōei-gwāw yàt
    chēe.   Yìng-gwōk-gē
    tèen-hāy dōong gwāw
    Hèong Góng hó dàw.

    I've been once. The weather
    in England is much colder
    than in Hong Kong.

13. Hāi mè? Yǎu mǒ lōk
    sūet?

    Really? Does it snow?

14. Yǎu.   Hái   Bàk-gìng,
    Sēong-hóy dò yǎu sěe
    lōk-sūet.

    Yes. It also snows in Peking
    and Shanghai sometimes.

15. Gáw-shūe yàt dīng yīu
    jēok hó dàw yèe-fōok,
    hāi m̌-hāi?

    I suppose you need to wear
    a lot of clothes there?

16. Hāi, yīu jēok hó dàw
    sàam.

    Yes, you do.

17. Chǔm-mǎan lōk dāai
    yǔe; ngǎw-gē sàam hó
    sùp. Gùm-tsìu dò māy
    gòn.

    It rained heavily last night;
    my clothes were very wet.
    They weren't dry this morn-
    ing.

18. Tìng-tsìu yǔe-gwáw hó
    tèen, ngǎw séong hōei
    dá-bàw.

    If it's fine tomorrow morn-
    ing, I'd like to play football.

19. Ngǎw núm tìng-yāt yàt
    dīng hó tèen.

    I think it's sure to be fine
    tomorrow.

Vocabulary

1. jùn   really, honest, real.
2. yēet   hot.
3. lĕong-sóng   cool.
4. lōk yŭe   to rain (*lit.* 'fall rain').
5. tèen-hāy   weather.
6. gúm-yēong*   like this, in this way.
7. lăang   cold.
8. nŭen   warm.
9. gōk-dùk   to feel, consider.
10. shùe-fōok   comfortable.
11. fūn-gāu   to sleep.
12. lăang-hāy   air-conditioning (*lit.* 'cold air').
    lăang-hāy gày   an air-conditioner (*lit.* 'cold air machine').
13. dá-bàw   to play a ball game (*lit.* 'strike ball') (loan word).
14. wŏoi   verb prefix to make future tense.
15. fòong   wind.
16. dá fòong   a typhoon (*lit.* 'strike wind').
17. chēe   time, occasion.
18. dōong   cold.
19. lōk-sūet   to snow (*lit.* 'fall snow').
20. Bàk-gìng   Peking.
21. Sēong-hóy   Shanghai.
22. jēok   to wear.
23. yèe-fōok   clothes.
24. sàam   upper garment, clothes.
25. sùp   wet.
26. tsìu   morning.
    gùm-tsìu   this morning.
27. gòn   dry.
28. hó tèen   fine, fine weather.

Notes

1. Sentence 1. The expression 'jùn hāi' is very useful and idiomatic. By itself it equals 'it's true', 'honestly'. Followed, as in this case, by an adjective we have 'it really is very . . .' In Sentence 8 there is another example, this time with the suffix '-gē' and the verb 'hāi' before, also meaning 'it's true'.

2. Sentences 2 and 3. 'To rain' in Cantonese is literally 'come down rain'. The same form is used for snow (Sentence 13). For 'heavy' rain the Chinese say 'big' rain. In Malaysia the Cantonese say 'lōk sóei', literally 'come down water'.

3. Sentence 3. To indicate 'fairly' or 'moderately' Cantonese sometimes doubles the adjective and adds the suffix '-dáy'. A good parallel is the English 'red-ish' which in Cantonese is 'hŏong-hŏong-dáy'.

4. Sentence 6. To render the question 'did you . . .?' the two verbs 'yău mŏ' are placed before the main verb. The answer 'I did' or 'I didn't' is made by 'yău' or 'mŏ' with the main verb repeated as in Sentence 7.

5. To play ball games is rendered simply by 'dá-bàw', 'bàw' being the loan word from 'ball'. There are, of course, particular words for the various games but this is enough for the present.

6. 'Wŏoi' Sentence 8. The future tense is usually indicated by a word of time such as 'tomorrow' without adding a prefix or suffix to the verb. Here, however, we have 'wŏoi' to render likelihood and in cases where there is no time word in the sentence.

7. In Sentence 8 we have one of the few examples of English borrowing from Chinese. 'Typhoon' is closer to 'dāai fòong'—big wind—than the actual phrase for a typhoon—'dá-fòong', meaning literally 'strike wind' but the two are so close that either could have been the origin.

8. Note the very important usage in Sentence 10 rendering the English 'have you ever . . .?'. An alternative form could be 'năy hōei-gwāw Yìng-gwōk māy?' but with the added connotation of 'yet'. This form of past tense is distinct from that made by the suffix '-jáw'. 'Hōei-jáw' would mean 'gone and not returned'. 'Hōei-gwāw', on the other hand, indicates that the person has gone and has come back again; he has had the experience of going, a sense which is inherent in the English 'have you ever . . .?'.

9. Sentence 12. There are two words for 'cold'. 'Lăang' is a little more 'literary' and is the word used in Mandarin and 'dōong' is more purely a Cantonese word.

10. Note in the same Sentence how the comparative is intensified: 'dōong gwāw Hèong Góng hó dàw'—'colder than Hong Kong very much', not the English word order 'very much colder than . . .'.

11. The expression 'is that so?' is rendered very neatly by 'hăi mè?'—Sentence 13.

Drill

I. 'jùn'—truly, really, it's true.

1. Jùn hăi hó lăang.
2. Jùn hăi hó gwāi.
3. Jùn hăi hó lēng. Hăi m̌-hăi jùn-gē? Hăi, hăi jùn-gē.

4. Lǎy sèen-sàang hó sìk góng Jòong-gwōk wā*. Hāi jùn-gē.
5. Nèe-bóon shùe yēe-sūp mùn; jùn hāi gwāi gwāw-tǎu.
6. Kǒei wā Lǎy tāai-tāai* sùp-fùn lēng. Hāi m̄-hāi jùn-gē? Hāi jùn-gē.
7. Jùn hāi hó dāai yǔe.
8. Dèe fà jùn hāi hó lēng.
9. Nèe-gāw yūet jùn hāi hó yēet.
10. Kǒei jùn hāi hó hó yǎn.

II. 'gōk-dùk'—to feel, consider.

1. Ngǎw gùm-yāt gōk-dùk hó yēet.
2. Nǎy gōk-dùk shùe-fōok m̄-shùe-fōok nè? Hó shùe-fōok.
3. Ngǎw gōk-dùk Yìng-gwōk-gē tèen-hāy m̄-hó.
4. Nǎy gōk-dùk déem-yēong*? Ngǎw gōk-dùk hó dōong.
5. Lǎy sèen-sàang gōk-dùk hōk Jòong-mǔn hó nǎan.

III. 'yǎu mǒ' plus verb.

1. Nǎy chǔm-yāt yǎu mǒ hōei tái hāy? Ngǎw mǒ hōei.
2. Dèe hōk-sàang yǎu mǒ lǎi? Mǒ, kōei-dǎy mǒ lǎi.
3. Ngǎw mǒ hōei yàn-wāi yēet gwāw-tǎu.
4. Kǒei yǎu mǒ māai gā chè? Yǎu, kǒei māai-jáw gā chè.
5. Lǎw sèen-sàang yǎu mǒ lǎi? Mǒ, kǒei mǒ lǎi.
6. Kǒei mǒ báy chěen* ngǎw.
7. Ā Yìng yǎu mǒ mǎai dèe fà? Yǎu, kǒei mǎai-jáw hó dàw.

8. Jèong tāai-tāai* yǎu mǒ yúm chǎ? Yǎu, kǒei
   yúm-jáw yàt bòoi.
9. Kǒei déem-gáai mǒ lǎi? Yàn-wāi mǒ chěen*.
10. Kǒei-dāy mǒ hōei hōk-hāan yàn-wāi lǎang
    gwāw-tǎu.

IV. Use of '-gwāw' with verbs meaning 'have you
ever . . . ?'.

1. Nǎy hōei-gwāw Gwóng-jàu māy? Māy, ngǎw
   māy hōei-gwāw.
2. Kǒei yǎu mǒ lǎi-gwāw nèe-shūe? Lǎi-gwāw
   lěong chēe.
3. Nǎy yǎu mǒ chǎw-gwāw nèe-gā chè? Māy.
4. Nǎy yǎu mǒ sīk-gwāw déem-sùm? Sīk-gwāw
   hó dàw chēe.
5. Nǎy yǎu mǒ tsō-gwāw nèe-dèe gòong? Māy,
   ngǎw māy tsō-gwāw.
6. Gāw hōk-sàang tái-gwāw nèe-gāw tsēe māy?
   Tái-gwāw.
7. Nǎy yǎu mǒ chǎw-gwāw fày-gày? Chǎw-gwāw
   hó dàw chēe.
8. Kǒei yǎu mǒ dōok-gwāw shùe? Mǒ.
9. Wǒng-sèen-sàang hōei-gwāw Bàk-gìng māy?
   Māy.
10. Nǎy gùm-tsìu yǎu mǒ tái-gwāw bō-jée? Tái-
    gwāw.

V. 'Much' plus comparative adjective.

1. Kǒei dāai gwāw ngǎw hó dàw.
2. Jòong-gwōk dāai gwāw Yìng-gwōk hó dàw.
3. Kǒei lēng gwāw ngǎw hó dàw.
4. Chǎw dìk-sée gwāi gwāw chǎw bà-sée hó dàw.
5. Nèe-gā hāy-chè fāai-gwāw gáw-gā hó dàw.

VI. 'Yàt dīng'—certainly, 'yàt dīng yīu'—must.

1. Kŏei yàt dīng hó yău chĕen*.
2. Ngăw yàt dīng yīu fàan òok-káy. Yēen-tsōy yàt déem jòong.
3. Kŏei yàt dīng lăi dōok-shùe.
4. Ngăw-dāy yàt dīng yīu tsō gòong.
5. Yàn-wāi gūm yēet kŏei-dāy yàt dīng hó m̆-shùe-fōok.
6. Kŏei yàt dīng sìk góng Gwōk-yŭe.
7. Ngăw-dāy yàt dīng yīu fàan-hōei Yìng-gwōk.
8. Năy yàt dīng yīu fūn-gāu.
9. Ngăw yàt dīng yīu hōk Jòong-mŭn.
10. Tìng-yāt yàt dīng hó tèen.

More Practice

Read aloud, answer questions and complete unfinished sentences.

1. Yìng-gwōk lăang m̆-lăang?
2. Năy gōk-dùk shùe-fōok m̆-shùe fōok? . . . Déem-gáai?
3. Yìng-gwōk dāai gwāw Hèong Góng. Jòong-gwōk . . .
4. Năy yău mŏ hōei-gwāw Măy-gwōk?
5. Yŭe-gwáw tìng-yāt hó tèen năy yīu tsō mèe-yĕ?
6. Năy nùm wŏoi m̆-wŏoi dá-fòong? . . . Gáy-sĕe?
7. Năy yău mŏ lăang-hāy-gày? . . . Déem-gáai?
8. Yău sĕe Hèong Góng hó yēet. Sìng-gā-bàw . . .
9. Năy yīu m̆-yīu fàan òok-káy? Yàt dīng . . . Déem-gáai?
10. Hōk-sàang yàt dīng yīu dōok-shùe. Sèen-sàang . . .
11. Chŭm-măan yău mŏ lōk yŭe?
12. Yìng-gwōk sĕe-sĕe hó lĕong-sóng. Hèong Góng . . .
13. Năy gōk-dùk déem-yēong*?
14. Hái Yìng-gwōk tèen-hāy hó m̆-hó?

15. Chŭm-măan hó năan fūn-gāu.   Yàn-wāi . . .
16. Jòong-gwōk dāai gwāw . . .
17. Jùn hāi hó yēet.   Ngăw yīu jēok . . .
18. Gùm-yāt lōk dāai yŭe.   Tèen-hāy sùp m̆-sùp?
19. Kŏei hōei-gwāw Măy-gwōk yàt chēe.   Năy nè?
20. Gùm-tsìu hó lăang; năy gōk-dùk déem yēong*?

FRIENDS AND RELATIONS

1. Jùn hāi hó nōy m̀-gēen. Nǎy hái bèen-shūe gūm nōy?

What a long time since we met. Where have you been so long?

2. Hái Nǎam-gìng. Ngǎw gāu-nĕen fàan-lǎi Hèong Góng.

In Nanking. I came back to Hong Kong last year.

3. Nǎy hái Nǎam-gìng tsō mùt-yĕ?

What were you doing in Nanking?

4. Ngǎw hōei gēen ngǎw fōo-mŏ.

I went to see my parents.

5. Lĕong gāw dò hó mā?

Are they both well?

6. Fōo-chùn hó dāan-hāi mŏ-chùn yǎu bĕng. Kŏei yēen-tsōy hó fàan-dèe. Nǎy fōo-mŏ nè?

My father is well but my mother was ill. She is a little better now. How are your parents?

7. Ngǎw mā-mà sáy-jáw, bā-bà jōong hái-shūe. Kŏei hó lŏ, bāat-sūp gáy sōei.

My mother is dead; my father is still alive. He's very old now, over eighty.

8. Sĕong-gāw　　lăi-bāai ngǎw gēen-gwāw nǎy-gē sāi-ló. Kŏei wā gùm-nĕen wŏoi gēet-fùn.

I saw your younger brother last week. He said he is getting married this year.

9. Hāi, tŏong yàt wāi* Chŭn síu-jé; ngǎw m̀-gāy-dùk kŏei-gē mĕng*. Kŏei-dāy hǎ-gāw yūet gēet-fùn.

Yes, to a Miss Chun; I forget her other names. They're getting married next month.

10. Ngăw dāai-ló ngàam-ngàam gēet-jáw fùn. Kŏei-gē tāai-tāai* hāi Lăw Hìng-mĭng-gē mōoi*.

My elder brother's just married. His wife is Law Hing-ming's younger sister.

11. Ḿ-hāi kŏei-gē mōoi*, hāi kŏei ā-jè. Hìng-mĭng hāi ngăw lŏ păang-yău. Kŏei chòot-nĕen hōei Yìng-gwōk tsō sàang-yēe.

Not his younger sister, his elder sister. Hing-ming is an old friend of mine. He's going to England next year on business.

12. Ngăw hái Năam-gìng-gē sĕe-hāu gēen-gwāw Lău Wă-chèong. Năy gāy-dùk ḿ-gāy-dùk kŏei?

When I was in Nanking I saw Lau Wa-cheong. Do you remember him?

13. Gāy-dùk, kŏei yĕe-chĕen hái Hèong Góng tsō yèe-sàang.

Yes, he used to be a doctor in Hong Kong.

14. Hāi, hó dàw nĕen chĕen.

Yes, many years ago.

15. Năy déem-yēong* hōei Năam-gìng gā?

How did you go to Nanking?

16. Ngăw chăw fáw-chè hōei. Hāi hó shùe-fōok.

I went by train. It was very comfortable.

17. Fàan-lăi-gē sĕe-hāu nè?

And when you came back?

18. Ngăw chăw fày-gày fàan-lăi.

I came back by plane.

Vocabulary

1. Năam-gìng Nanking (*lit.* southern capital).
2. gāu-nĕen last year (*lit.* 'old year').
3. fōo-mŏ parents.
4. fōo-chùn father.
5. mŏ-chùn mother.

6. bēng   ill.
   yău bēng   to be ill.
7. hó-fàan   to get better, recover (*lit.* 'good return').
8. mā-mà   mother, colloquial Hong Kong term.
9. sáy   to die.
10. bā-bà   father, colloquial Hong Kong term.
11. lŏ   old.
12. sēong-gāw lăi-bāai   last week.
    sēong-gāw yūet   last month.
13. sāi-ló   younger brother.
14. gùm-něen   this year cf. gùm-yāt   today.
15. síu-jé   Miss.
16. hā-gāw yūet   next month.
    hā-gāw lăi-bāai   next week.
17. dāai-ló   elder brother.
18. ngàam-ngàam   just (of time).
    ngàam   right, correct.
19. mōoi*   younger sister.
20. ā-jè   elder sister.
21. chòot-něen   next year (*lit.* 'go-out year').
22. -gē sĕe-hāu   when, at the time when.
23. yĕe-chĕen   formerly.
24. yèe-sàang   a doctor.
25. fáw-chè   a train (*lit.* 'fire vehicle').

Notes

1. In Sentence 1 the phrase 'hó nōy m̆-gēen' would be more grammatically correct as 'hó nōy mŏ gēen' to render 'it's a long time we *have not* met' but the form given is a correct idiomatic usage.

2. In Sentence 4 'ngăw fōo-mŏ' could have included the possessive suffix thus—'ngăw-gē fōo-mŏ'. The compound 'fōo-mŏ'—'father–mother'—is a neat one for 'parents'.

The full forms for 'father' and 'mother' are given in Sentence 6. These are the polite, somewhat literary, but very common forms. In Sentence 7 we have the very colloquial 'mā-mà' and 'bā-bà', borrowed from English and in common use in Hong Kong. The word 'mā' is, of course, Chinese but in its duplicated form and juxtaposed with the loan from English 'papa' it can be taken as a loan word. Compare also the word 'amah', a female servant, which is from the Chinese 'mā' but is only used by foreigners.

The two other words for 'father'—'lŏ-dāu'—and 'mother' —'lŏ-mŏ'—are rather rough and had better be avoided. 'Lŏ-dāu' means 'old bean' and 'lŏ-mŏ' 'old mother'.

3. In Sentence 6 'to recover', 'get better' is neatly and simply rendered by 'hó fàan'—literally 'good return' or 'well return'. By adding 'dèe' the idea that the recovery is only partial or slight is conveyed. Other examples of this idiom:

gùm-yāt yēet fàan-dèe	it's become slightly warmer again today.
gùm-yāt dōong fàan-dèe	it's a bit colder again today.

4. In Sentence 7 we have the word 'to die'. In fact the speaker in a case like this might have used the euphemism 'gwāw-jáw sùn', literally 'has crossed the body' but it is better to introduce the simple word before the more advanced idiom.

5. Also in Sentence 7 we have the expression 'to be still alive' rendered by the odd and simple phrase 'still here' or 'still with us'.

6. To say last week or last month (but not last year) Chinese say 'above week' and 'above month' (Sentence 8). Similarly next week and next month are 'below week' and 'below month'. In English we say 'down through the ages' and 'down to the present day' but we do not use the notion of 'up' in time past and neither up nor down for the time recently past or about to come. However, in Chinese the terms 'sēong-gāw' and 'hā-gāw' are only used for months and weeks, never for days or years.

7. In Sentence 10 we have the expression 'ngàam-ngàam' for just. The single word 'ngàam' means right or correct.

8. 'When' or 'at the time when' is here (Sentence 12) rendered in an odd manner, from an English point of view. The word(s) for 'time' is attached by the possessive '-gē' to the preceding clause, giving literally 'I in Nanking's time'. Another rendering could be 'ngăw hái Năam-gìng gáw-jūn-sĕe—literally 'I in Nanking that time'.

Drill

I. Last week and month and next.

1. Sēong-gāw lăi-bāai lōok ngăw hōei tái hāy.
2. Kŏei hāi m̆-hāi sēong-gāw lăi-bāai gēet-fùn?
3. M̆-hāi; kŏei hā-gāw lăi-bāai sàam gēet-fùn.
4. Năy gáy-sĕe lăi?   Sēong-gáw yūet.
5. Chŭn síu-jé hā-gāw yūet hōei Yìng-gwōk dōok-shùe.
6. Ngăw hā-gāw lăi-bāai yàt chăw fáw-chè hōei Gwóng-jàu.
7. Sēong-gāw yūet hó lăang, hā-gāw yūet m̆-wŏoi gūm lăang.
8. Sēong-gāw yūet dèe fà hó gwāi.

9. Ngăw sēong-gāw lăi-bāai ňg gēen ngăw mā-mà.
10. Ngăw-dāy hā-gāw lăi-bāai sàam chăw fày-gày hōei Sìng-gā-bàw.

II. Adjective plus 'fàan'.

1. Sēong-gāw lăi-bāai ngăw yău bēng; yĕe-gà hó fàan hó dàw.
2. Ngăw fōo-chùn yău bēng; yĕe-gà dò māy hó fàan.
3. Gùm-yāt dōong fàan-dèe.
4. Sēong-gāw lăi-bāai nŭen fàan hó dàw. Yĕe-gà hó yēet.
5. Dèe jùe-yōok mŏ gūm gwāi; pĕng fàan-dèe.
6. Yàn-wāi gūm lăang dèe fà gwāi fàan hó dàw.
7. Năy tāai-tāai* hó fàan māy? M̆-gòy, kŏei hó fàan-dèe.
8. Kŏei yĕe-chĕen yău bēng; yēen-tsōy hó fàan.

III. Time when.

1. Ngăw hái Sìng-gā-bàw-gē sĕe-hāu mŏ gēen Lău sèen-sàang.
2. Tèen-hāy yēet-gē sĕe-hāu ngăw gōk-dùk m̆-shùe-fōok.
3. Ngăw sīk fāan-gē sĕe-hāu Wŏng síu-jé lăi ngăw oòk-káy.
4. Ngăw hái Jòong-gwōk-gē sĕe-hāu ngăw dōok-jáw Jòong-mŭn.
5. Kŏei ngàam-ngàam lăi Hèong Góng-gē sĕe-hāu fōo-chùn sáy-jáw.
6. Lăy sèen-sàang yău bēng-gē sĕe-hāu gōk-dùk hó năan dōok-shùe.
7. Ngăw hāi hōk-sàang-gē sĕe-hāu māy gēen-gwāw Hăw síu-jé.

8. Ngăw hái Yìng-gwōk tsō sàang-yēe-gē sĕe-hāu
   m̆-sìk kŏei.
9. Ngăw hái Măy-gwōk-gē sĕe-hāu hōk góng
   Jòong-gwōk wā*.
10. Kŏei hái jòong-hōk dōok-shùe-gē sĕe-hāu, kŏei
    fōo-mŏ yĕe-gìng sáy-jáw.

IV. 'Formerly', 'used to', 'before'.

1. Kŏei yĕe-chĕen hái Hèong Gòng tsō sàang-yēe.
2. Ngăw yĕe-chĕen hái Gwóng-jàu sìk kŏei.
3. Ngăw yĕe-chĕen hó sìk góng Gwōk-yŭe; yĕe-gà
   m̆-gāy dùk.
4. Sàam gāw yūet yĕe-chĕen (or 'chĕen') ngăw yău
   bēng.
5. Hó nōy yĕe-chĕen kŏei hái Jòong-gwōk dōok-
   shùe.
6. Gáy-dàw nĕen chĕen?   Sūp gáy nĕen chĕen.
7. Wŏng sèen-sàang yĕe-chĕen yău hó dàw chĕen*;
   yĕe-gà mŏ.
8. Sàam gāw yūet chĕen kŏei lăi nèe-shūe tsō
   yèe-sàang.
9. Yĕe-chĕen yău mŏ hōk-sàang dōok Jòong-mŭn?
   Hó síu.
10. Hó nōy yĕe-chĕen kŏei lăi Hèong Góng tsō
    sàang-yēe.

V. Family words.

1. Ngăw fōo-chùn yĕe-gìng hó lŏ, chàt-sūp-ńg
   sōei.
2. Ngăw fōo-mŏ dò hó lŏ.
3. Năy-gē bā-bà yĕe-chĕen tsō sàang-yēe, hăi
   m̆-hāi?

4. Hāi, hó nōy yĕe-chĕen. Nǎy dāai-ló gēet-jáw fùn gáy-nōy?
5. Gēet-jáw fùn, sūp nĕen. Yǎu sàam gāw sāi-mùn-tsái.
6. Gáy-dàw gāw tsái, gáy-dàw gāw nŏei?
7. Lĕong gāw tsái, yàt gāw nŏei. Nǎy mā-mà hó mā?
8. Sēong-gāw lǎi-bāai yǎu bēng. Yĕe-gà hó fàan, m̀-gòy.
9. Nǎy-gē mōoi* gáy-dàw sōei?
10. Sūp-chàt sōei; kŏei jōong hái jòong-hōk ùookshùe.
11. Nǎy ā-jè nè? Gēet-jáw fùn mǎy?
12. Ngǎw ā-jè gēet-jáw fùn hó nōy.
13. Nǎy-gē tāai-tāai* gáy hó mā?
14. Gáy hó, yǎu sùm. Wǒng tāai-tāai* nè?
15. Ngǎw tāai-tāai* dò hó, m̀-gòy.

More Practice

Read aloud and answer in at least four different ways the following 'when?' questions, as in the examples given.
1. Nǎy gáy-sĕe gēen kŏei?

    (a) Ngǎw hái Yìng-gwōk-gē sĕe-hāu gēen kŏei.
    (b) Ngǎw sēong gāw yūet gēen kŏei.
    (c) Ngǎw sēong gāw lǎi-bāai gēen kŏei.
    (d) Ngǎw hó nōy yĕe-chĕen gēen kŏei.
    (e) Ngǎw sàam nĕen chĕen gēen kŏei.

2. Nǎy gáy-sĕe gēet-fùn?
3. Lǎy sèen-sàang gáy-sĕe lǎi Hèong Góng?
4. Wǒng tāai-tāai* gáy-sĕe hōei Mǎy-gwōk?
5. Nǎy fōo-chùn gáy-sĕe sáy-jáw?
6. Hǎw sèen-sàang gáy-sĕe mǎai gáw-gā chè?
7. Nǎy gáy-sĕe hōk góng Gwóng-dòong wā*?

8. Nǎy gáy-sěe hōk jà chè?
9. Kǒei gáy-sěe tsō sàang-yēe?
10. Nǎy gáy-sěe hái Yìng-gwōk dōok-shùe.

Complete the following sentences.

Example:

Ngǎw gēet-jáw fùn . . . (hó dàw něen chěen).
Ngǎw . . . gēet-jáw fùn (insert 'sàam něen chěen')
                           (insert 'hó nōy yěe-chěen')
                           (insert 'sēong gāw yūet').

1. Ngǎw hái Hèong Góng . . . māai-jáw nèe-gā chè.
2. Ngǎw mā-mà sáy-jáw . . .
3. Lǎy sèen-sàang . . . lǎi Sìng-gā-bàw.
4. Wǒng tāai-tāai* . . . lǎi-bāai hōei Nǎam-gìng.
5. Ngǎw hái Hèong Góng . . . hōk Jòong-mǔn.
6. Kǒei . . . chěen hōei Bùk-gìng.
7. Ngǎw fōo-chùn . . . něen chěen sáy-jáw.
8. Wǒng síu-jé . . . lǎi-bāai sāy gēet-fùn.
9. Ngǎw . . . m̌-gēen.
10. Kǒei hā- . . . hōei Gwóng-jàw.

HONG KONG

1. Hái Hèong Góng yǎu hó dàw sàan.

   There are lots of hills in Hong Kong.

2. Mǒ chāw. Hái Hèong Góng gāw hóy-dó dèe sàan hó gò. Hái Gáu-lǒong dèe sàan mǒ gūm gò.

   Yes, indeed. On the island of Hong Kong the hills are very high. They aren't such high hills in Kowloon.

3. Hèong Góng yǎu hó síu dāy-fòng háy òok, sáw-yēe háy-jáw gūm dàw gò lǎu. Sàan-déng dò yǎu gò lǎu.

   There's very little room in Hong Kong to build houses and so they've built so many high buildings. There are even high buildings on the Peak.

4. Hāi, dāy-fòng sāi, yǎn dàw.

   Yes, small space and lots of people.

5. Mǒ chāw. Nǎy hái bèen-shūe jūe?

   It's quite true. Where do you live?

6. Hái Wàan-tsái, yàt gàan hó gò-gē lǎu. Yǎu yēe-sūp chǎng. Ngǎw-dāy hái sūp-chàt lǎu.

   In Wanchai in a very tall building. There are twenty storeys. We're on the seventeenth floor.

7. Hái Hèong Góng nǎam-bēen yǎu yàt dāat dāy-fòng gīu-tsō Hèong Góng-tsái, hāi m̄-hāi?

   On the south side of Hong Kong there's a place called Aberdeen, isn't there?

8. Hāi, gáw-shūe yǎu hó dàw shǔen-tsái. Yǎu hó dàw láw-yǔe-yǎn.

   Yes, there are many small boats there, and there are many fishermen.

9. Hèong Góng nǎam-bēen dò yǎu Sùm-sóei-wàan tǒong-mǎai Chéen-sóei-wàan. Gāw sěng-sěe hái bùk-bēen. Dòong-bēen, sài-bēen yǎu hó dàw hóy-dó.

Deep Water Bay and Repulse Bay are also on the south side. The city is on the north side. On the east and west there are many islands.

10. Gáw-gàan hāi mèe-yě?

What building is that?

11. Gáw-gàan hāi dāai-wōoi-tǒng. Hāu-bēen yǎu gáy gàan ngǎn-hǒng tǒong-mǎai tsáu-dēem. Dāai-wōoi-tǒng chēen-bēen yǎu hóy. Gwāw hóy hāi Gáu-Lǒong.

That's the City Hall. Behind there are several banks and hotels. The sea is in front of the City Hall. And across the water is Kowloon.

12. Yúm dàw yàt bòoi chǎ. Wài. Fáw-gāy! Dàw lěong bòoi chǎ.

Have another cup of tea. Waiter! Two more cups of tea.

13. Wǒng sèen-sàang góng báy ngǎw tèng kǒei yěe-gà hái Sà-těen jūe.

Mr. Wong told me he is staying at Shatin now.

14. Hó yǔen. Kǒei yīu yāt-yāt gwāw hóy lǎi tsō-gòong.

That's very far. He'll have to cross the harbour every day to work.

15. Kǒei hái bèen-dō tsō-gòong?

Where does he work?

16. Hái Sēong-hóy ngǎn-hǒng.

In the Hong Kong and Shanghai Bank.

17. Nǎy tsēe-gáy hái bèen-dō jūe?

Where do you live yourself?

18. Hái Bùk-gōk.

At North Point.

19. Nǎy chǎw mèe-yě chè fàan òok-káy?

How do you get home?

20. Ngǎw chǎw dēen-chè.

By tram-car.

21. Năy chăw dēen-chè lău-
sēong dĭng-hăi lău-hā?

Do you go upstairs or
below?

22. Ngăw sĕe-sĕe chăw lău-
sēong.

I always go upstairs.

23. Hèong Góng yău hó
dàw chè.

There's a lot of traffic in
Hong Kong.

24. Jùn hăi. Tāai dàw.

Yes, too much.

Vocabulary

1. sàan   hill, mountain.
2. mŏ chāw   that's right, correct (*lit.* 'not have wrong').
3. hóy-dó   island (*lit.* 'sea island').
4. gò   tall, high.
5. háy   to raise, lift up, build.
6. lău   a building, classifier 'gàan'.
7. sàan-déng   summit of hill. In Hong Kong—The Peak.
8. chăng   storey, floor.
9. năam   south năam-bēen southern part, place or
   direction.
10. Hèong-Góng-tsái   Aberdeen, a town on Hong Kong
    island (*lit.* 'little Hong Kong').
11. láw-yŭe-yăn   fisherman (*lit.* 'get-fish-man').
12. láw   to get, bring, take.
13. yŭe   a fish, classifier 'tĭu'.
14. Sùm-sóei-wàan   Deep Water Bay.
15. sùm   deep, profound.
16. chéen   shallow, simple.
17. sĕng-sĕe   city (*lit.* 'wall market').
18. bùk   north bùk-bēen northern direction.
19. dòong   east.
20. sài   west.
21. dāai-wōoi-tŏng   assembly hall. In Hong Kong—the
    City Hall.
22. wōoi*   a society, meeting.

23. tŏng   a hall, classifier 'gàan'.
24. hāu-bēen   behind.
25. chĕen-bēen   in front.
26. góng báy . . . tèng   to tell, inform.
    tèng   (*lit.* 'say give . . . hear').
27. Sà-tĕen   Shatin, a place in the New Territories of Hong Kong (*lit.* 'sandy fields)'.
28. Bùk-gōk   North Point, a place in Hong Kong.
29. dēen-chè   tram-car (*lit.* 'electric car').
30. lău-sēong   upstairs.
31. lău-hā   downstairs.

Notes

1. Sentence 2 'mŏ chāw' . . . This negative way of saying 'quite right'—(*lit.* 'not have wrong')—is very common. Another way of replying would simply have been 'hăi' or, with more emphasis, 'jùn hăi' as in Sentence 24.

2. In Sentence 2 there are two examples of the classifier used to mean 'the'—'gāw hóy-dó' (the island) and 'dèe sàan' (the mountains).

3. The simplicity of Chinese grammar is illustrated in Sentence 3. There are few prepositions. Here there is no need for an equivalent of 'to' in 'to build houses'. Similarly there is no need for an impersonal 'they' in 'they've built so many . . .' in the same Sentence. Economy and efficiency as well as simplicity is found in Sentence 4 in the four words 'dăy-fòng sāi, yăn dàw', neater than the English equivalent.

4. Two examples of the diminutive suffix 'tsái', introduced in Lesson 9, are found in Sentences 7 and 8—'Hèong-Góng-tsái' and 'shŭen-tsái'. 'Tsái', meaning originally 'a son' or 'child', conveys a human and familiar sense to

the object which it qualifies, a connotation quite absent from the English adjective 'small' or 'little' used in translating the suffix.

5. The words for north—'bùk'—south—'năam'—east—'dòong'—and west—'sài' are never used by themselves but always combined with others. In the examples in Sentences 7 and 9 they are used as adjectives describing the word 'bēen' meaning direction or place. To render 'the North', 'the South', etc., indicating a broad expanse of country or region, not merely 'north side' or 'south side', Chinese uses the direction words with 'fòng', the second half of 'dāy-fòng' (Sentence 4) the word for 'place'. Thus:

bùk-fòng	the North	dòong-fòng	the East
năam-fòng	the South	sài-fòng	the West.

'He is a Northerner' (meaning a Northern Chinese) is therefore:

Kŏei hāi bùk-fòng yăn

Here are the names of Provinces in China which use these direction words, in each case coming after the noun.

Sàan-dòong (Shantung) meaning 'east of the mountains'.
Sàan-sài (Shansi) meaning 'west of the mountains'.
Séem-sài (Shensi) meaning 'west of the Shen Plain'.
Hăw-bùk (Hopei) meaning 'north of the (Yellow) river'.
Hăw-năam (Honan) meaning 'south of the (Yellow) river'.
Wŏo-bùk (Hupei) meaning 'north of the lake'.
Wŏo-năam (Hunan) meaning 'south of the lake'.
Wŭn-năam (Yunnan) meaning 'south of the clouds'.
Gwóng-dòong (Kwangtung) meaning 'broad east'.
Gwóng-sài (Kwangsi) meaning 'broad west'.

Yunnan, 'south of the clouds', is so named because it lies south of the large province of Szechuan (Four Rivers—Sāy-chùen) where clouds frequently gather over the mountains.

Here are two other examples, both rivers which run through Kwangtung Province:

sài-gòng, the West River (Si Kiang) which flows from Yunnan through Kwangsi and Kwangtung to Canton where it is called the Pearl River.

dòong-gòng, the East River which flows into the West River.

6. 'In front of', 'chěen-bēen', and 'behind' 'hāu-bēen', are placed behind the objects to which they relate. (Sentence 11.) This is true of all other directional words as in Sentence 7 above.

7. In Sentence 12 the word 'dàw' (much, many) is used twice in a comparative meaning. This is only possible when some indication of how much more is required. 'Drink more tea' could be rendered 'yúm dàw-dèe chǎ' but in the dialogue the amount is indicated.

8. The simple English verb 'to tell', 'to inform' has a clumsy equivalent in Cantonese. (Sentence 13.) Three words are required instead of the one in English:

'góng báy . . . tèng'   'say give (so-and-so) hear'.

Alternative and slightly less clumsy forms are:

'wā . . . jèe'   'say (so-and-so) know'.
'góng . . . jèe   'say (so-and-so) know'.

9. The word for tram-car in Hong Kong, 'dēen-chè', meaning 'electric vehicle' is used for a motor car in Singapore and Malaysia.

Drill

I. Directions.

1. Jòong-gwōk dòong-bēen yău hóy, sài-bēen yău sàan.
2. Kŏei hái dòong-fòng jūe-jáw hó nōy.
3. Gwóng-dòong bùk-bēen yău Wŏσ-năam, sài-bēen yău Gwóng-sài.
4. Bùk-fòng yăn góng Gwōk-yūe.
5. Hăw-bùk hái bèen-shūe? Hái Wŏng-hăw bùk-bēen.
6. Bùk-fòng hó lăang, năam fòng hó yēet.
7. Yìng-gwōk hāi hóy-dó; bùk-bēen, năam-bēen, dòong-bēen, sài-bēen dò yău hóy.
8. Bùk-fòng lăang, năam-fòng yēet.
9. Sàan-dòong, Sàan-sài dò hái bùk-fòng.
10. Gwóng-dòong, Gwóng-sài dò hái năam-fòng.

II. In front of, behind, above, below.

1. Tsáu-dēem hāu-bēen yău hó dàw pō-tău*.
2. Ngăn-hŏng chēen-bēen yău hó dàw chè.
3. Ngăw chăw chēen-bēen, chéng năy chăw hāu-bēen.
4. Ngăw-dāy òok-káy chēen-bēen yău yàt gàan hāy-yūen*.
5. Hāy-yūen* hāu-bēen yău yàt gàan gò lău.
6. Kŏei hái hā-bēen dáng năy.
7. Ngăw hái pō-tău* sēong-bēen jūe.
8. Ngăw-dāy-gē sé-tsēe-lău sēong-bēen yău yàt gàan tsáu-gà.
9. Dēen-chè lău-hā yău yăn tāai dàw.
10. Sàan sēong-bēen yău yàt gā fày-gày.

III. To tell, inform.

1. Ngăw góng báy năy tèng.
2. Góng báy Wŏng sèen-sàang tèng ngăw tìng-yāt m̌-lăi.
3. Kŏei góng báy ngăw tèng kŏei fōo-chùn sáy-jáw.
4. Chéng góng báy ngăw tèng déem-gáai mŏ lăi.
5. Sèen-sàang góng báy hōk-sàang tèng yīu yāt-yāt dōok-shùe.
6. Kŏei wā ngăw jèe.
7. Ngăw góng năy jèe; kŏei lăi-bāai sàam lăi.
8. Ngăw tìng-yāt góng báy năy tèng.
9. Kŏei chŭm-yāt wā ngăw jèe.
10. Kŏei góng báy ngăw tèng hā-gāw lăi-bāai hōei Măy-gwōk.

More Practice

Read aloud and answer in as many ways as possible:

1. Jòong-gwōk dòong-bēen yău mèe-yě?
2. Jòong-gwōk bùk-fòng lăang m̌-lăang?
3. Hái bùk-fòng kŏei-dăy góng mèe-yě wā*?
4. Hèong Góng-tsái hái bèen-shūe?
5. Gwóng-dòong hái Jòong-gwōk bèen-shūe?   Hái bùk-fòng?
6. Hóy hāi dāai-wōoi-tŏng hāu-bēen, hāi m̌-hāi?
7. Dāai-wōoi-tŏng chěen-bēen yău mŏ ngăn-hŏng?
8. Chăw dēen-chè lău-sēong shùe-fōok m̌-shùe-fōok?
9. Sàan hā-bēen yău mŏ gò lău?   Sàan-déng nè?
10. Sàan sēong-bēen yău mŏ dăy-fòng háy òok?
11. Déem-gáai háy gūm dàw gò lău?
12. Bèen-gāw góng báy năy tèng?
13. Năy góng bèen-gāw tèng?
14. Yìng-gwōk dèe sàan gò m̌-gò?
15. Gáw-gāw sàan hāu-bēen yău mèe-yě dăy-fòng?
16. Sìng-gā-bàw dāai m̌-dāai dăy-fòng?

17. Năy gàan òok yău gáy-dàw chăng lău?
18. Chăw bà-sée chĕen-bēen hó mā?
19. Năy hái dòong-fòng jūe-jàw gáy-nōy?
20. Yúm dàw yàt bòoi chă, hó mā?
21. Hèong Góng-tsái shŭen-tsái dàw m̆-dàw?
22. Hèong-Góng-tsái dèe yăn tsō mèe-yĕ gòong?
23. Hèong-Góng năam-bēen yău mèe-yĕ dāy-fòng?
24. Gwāw hóy yáu mèe-yĕ dāy-fòng?
25. Gáu-lŏong hāu-bēen yău mŏ sàan?

STUDENTS TALKING

1. Năy hái bèen-shūe dōok-shùe?

   Where are you studying?

2. Hèong Góng Dāai-hōk. Năy nè?

   Hong Kong University. And you?

3. Ngăw hái Hèong Góng Jòong-mŭn Dāai-hōk, Sùn Ā Shùe-yūen*.

   At the Chinese University of Hong Kong, New Asia College.

4. Ngăw dōok yèe-hōk. Năy dōok mèe-yĕ?

   I am studying Medicine. What are you doing?

5. Ngăw dōok Jòong-mŭn tŏong-măai Jòong-gwōk lĭk-sée. Ngăw-dăy hā-gāw lăi-bāai háau-sēe.

   Chinese and Chinese History. We have exams next week.

6. Ngăw-dăy hā-gāw yūet dò háau-sēe. Ngăw hó pā háau m̆-dó. M̆-gāu sĕe-hāu hōk gūm dàw yĕ.

   We have exams next month. I'm afraid I won't pass. There's not enough time to learn so much.

7. Năy m̆-sái pā, năy gūm chòong-mĭng. Năy yàt dĭng háau-dó.

   You needn't be afraid; you're clever. I'm sure you'll pass.

8. Hày-mōng háau-dó dāan-hāi wā m̆-dĭng.

   I hope so but it's not certain.

9. Năy gàan dāai-hōk dèe hōk-sàang dàw-sō hāi năam-tsái, hāi m̆-hāi?

   Most of the students at your University are men, aren't they?

10. Dàw-sō hāi, bùt-gwāw
    dò yău hó dàw nŏei-
    tsái. Kŏei-dǎy dàw-sō
    dōok mǔn-hōk.

    Yes, but there are a lot of
    girls. Most of them study
    Arts.

11. Sīk yèen?

    Have a cigarette?

12. M̌-gòy, ngǎw m̀-sīk. Ńǎy
    gāu m̀-gāu sěe-hāu yúm
    bòoi gā-fè.

    No, thanks, I don't smoke.
    Have you enough time for a
    cup of coffee?

13. M̌-gāu sěe-hāu. Ngǎw
    yīu hōei yèe-yūen*. Nǎy
    nè?

    No. I must go to the
    hospital. What about you?

14. Ngǎw yīu hōei tŏ-shùe-
    gwóon.

    I must go to the library.

15. Nǎy dāap bà-sée hōei
    mā? Nèe-gāw sěe-hāu
    hó nǎan dāap bà-sée;
    yǎn dàw. Yěe-gà m̀-hó
    hōei.

    Are you going by bus? At
    this time it's very difficult
    to get on a bus; so many
    people. Don't go now.

16. Ngǎw jèe. Ngǎw chǔm-
    yǎt dāap m̀-dó chè.
    Bùt-gwāw mŏ fāat-tsée.
    Ngǎw yàt dīng yīu hōei.

    I know. I couldn't get on
    board yesterday. But it can't
    be helped. I must go.

17. Nǎy gáy-sěe bùt-yěep?

    When do you graduate?

18. Ngǎw hày-mōng chòot-
    něen.

    Next year, I hope.

19. Ngǎw jōong yǎu lěong
    něen. Ngǎw bùt-yěep
    jèe-hāu hày-mōng hōei
    ngōy-gwōk dōok-shùe.
    Hōei ngōy-gwōk dèe
    hōk-sàang dàw-sō hōei
    Yìng-gwōk tŏong-mǎai
    Mǎy-gwōk.

    I have two more years.
    After graduating I hope to
    study abroad. Most of the
    students who go abroad
    go to England and America.

20. Ngǎw yěe-gà tsáu là.

    I'm off now.

21. Wài! Síu sùm! Yău chè lăi là.	Be careful! There's a car coming.
22. Dàw-tsḕ. Jùn hăi hó ngăi-héem.	Thanks. It's very dangerous.
23. Yīu hó síu sùm hăang gwāw mă-lō̄.	You've got to be careful crossing the road.

Vocabulary

1. Ā̄   contraction for 'Ā̄-jàu' Asia.
2. shùe-yūen*   college, school (*lit.* 'book institution').
3. yèe-hōk or yèe-fàw   the study of Medicine, cf. Lesson 11.
4. lĭk-sée   history.
5. háau-sēe   examination, to have an examination.
6. pā   to fear.
7. -dó   verb suffix to indicate accomplishment.
8. m̀-sái   there is no need.
9. chòong-mĭng   clever.
10. hày-mōng   to hope, hope (noun).
11. wā̄ m̀-dĭng   can't be sure, can't say for certain.
12. dàw-sō   the majority, most.
13. mŭn-hōk or mŭn-fàw   humanities, Arts.
14. yèen   smoke, 'sĭk yèen' to smoke (*lit.* 'eat smoke').
15. gāu   enough.
16. gā-fè   coffee.
17. yèe-yūen*   hospital, classifier 'gàan' (*lit.* heal institution).
18. tŏ-shùe-gwóon   library (*lit.* 'collection-books-place'). classifier 'gàan'.
19. dāap   to travel by, to board, cf. 'chăw' Lesson 4.
20. m̀-hó   don't.
21. bùt-gwāw   but, only (*lit.* 'not beyond').
22. mŏ-fāat-tsée   it can't be helped (*lit.* 'there is no plan, way').

23. bùt-yēep   to graduate, complete a course of study, successfully.
24. -jèe-hāu   after, cf. Lesson 12.
25. ngōy-gwōk   abroad, a foreign country (*lit.* 'outside country').
26. tsáu   to go away, run.
27. síu sùm!   be careful! (*lit.* 'small heart').
28. ngǎi-héem   dangerous.
29. mǎ-lō   a main road (*lit.* 'horse road'). Classifier 'tǐu'.

Notes

1. Sentence 3. The usual way to render the adjective 'Chinese' is 'Jòong-gwōk' which is, of course, the noun for China ('Middle Country'). In this instance the term 'Jòong-gwōk' would give the sense of 'China University'; moreover the term 'Jòong-mǔn' is appropriate as it carries the sense of Chinese literature or culture. In Malaysia 'China' is often rendered by 'Tǒng-sàan', literally 'T'ang' (Dynasty) Mountain (or Land), now obsolete in China and Hong Kong. Similarly, in Malaysia, a Chinese person is 'Tǒng-yǎn' and Chinese language is 'Tǒng-wā*', expressions still used by less educated people in Hong Kong.

2. Sentence 3. The words for the five continents are derived from the first syllables of the English names plus the word 'jàu' which has the same sound as the 'jàu' in 'Gwóng-jàu' (Canton) but is written differently in Chinese. Here are the five Continents in Cantonese:

Ā-jàu	Asia	Fày-jàu	Africa
Āu-jàu	Europe	Ō-jàu	Australia
Mǎy-jàu	America		

3. In Sentences 6, 7 and 16 there are examples of the verb suffix '-dó' which indicates accomplishment of the action. This neat and useful device has no equivalent in English. Here are some examples:

tèng-dó	to hear, i.e. to listen and hear
tèng m̀-dó	to listen but fail to hear
dāap-dó chè	to get on board a vehicle
dāap m̀-dó chè	to fail to catch a bus (or other vehicle)
háau-dó	to pass an examination
háau m̀-dó	to fail an examination
mǎai-dó	to buy—and get—something
mǎai m̀-dó	to try to buy something but fail
wún-dó	to look for and find
wún m̀-dó	to look for and fail to find

4. In Sentence 6 we have another example of the economy of words in Chinese. Here the word 'gāu', meaning 'enough', requires no verb like 'is' or 'has' which is necessary in English. Other examples:

Ngǎw m̀-gāu chěen*	I haven't enough money.
Nèe-gàan òok gāu m̀-gāu dāai?	Is this house big enough?
Gāu m̀-gāu dǎy-fòng?	Is there enough room?
Gāu	Enough.

5. Note the very useful phrase in Sentence 7, 'm̀-sái' meaning 'there's no need'. But to render 'need' in the affirmative we do not usually use 'sái' but 'yīu' (Lesson 2).

6. The expression 'wā m̀-dīng' in Sentence 8 is very handy and useful to render meanings such as 'I'm not sure', 'Can't say for certain', etc. 'Dīng' means fixed or definite. We have met it in Lesson 9 in 'yàt dīng' meaning certainly.

7. The word for majority or most in Sentence 9 is 'dàw-sō' which is literally 'many (much) number'. It can also mean mostly or usually. The word for minority is 'síu-sō', literally 'small number'.

8. The negative command 'don't. . .' is rendered very simply by 'm̀-hó', literally 'not good'. (Sentence 15.) Another way is to use the word 'măi' (meaning 'do not') but 'm̀-hó' is the commoner form.

9. The alternative to 'dāan-hāi', meaning 'but' (Lesson 7) in Sentence 16 is 'bùt-gwāw' consisting of the literary word for the negative prefix 'm̀' plus 'gwāw' meaning 'across' or 'beyond'. In the sense of 'only', 'bùt-gwāw' is quite straight-forward, thus: 'bùt-gwāw sàam gāw yăn'—only three people, literally not beyond three.

10. Note the very useful expression 'mŏ fāat-tsée' in Sentence 16. We frequently need to say 'it can't be helped' or some equivalent. 'Fāat' means a way or method and can also mean Law. The suffix '-tsée', originally having a diminutive sense, is merely added for euphony. An alternative to 'mŏ fāat-tsée' is 'mŏ bāan-fāat', literally 'not have manage-method'.

11. In Lesson 12 we learned 'hāu-bĕen' meaning 'behind'. In Sentence 19 the same word 'hāu' is used to render 'after' and is attached to the verb it qualifies by the literary word 'jèe' which is the equivalent of the possessive suffix '-gē' (Lesson 2). Here is another example:

Kŏei sĭk fāan-jèe-hāu   After he eats his meal

This is literally 'He eats meal after'.

12. Also in Sentence 19 is the expression for 'abroad' or 'foreign'—'ngōy-gwōk', literally is 'outside' country'. 'Ngōy-gwōk-yǎn' meaning 'foreigner' is almost always used in reference to Western people, not other Asians or people of other race. This is undoubtedly due to the paramount influence of Westerners in the 19th century and the early part of the 20th.

13. The expression 'Be careful!' is neatly rendered by 'síu sùm', literally 'small heart'. To make your heart—or mind—small in this instance is to concentrate your attention on one subject and thus to do what you are doing with great care.

Drill

I. Verb plus 'dó'.

1. Nǎy yǎu mǒ tèng kǒei góng? Ngǎw tèng m̌-dó.
2. Ngǎw dāap m̌-dó chè.
3. Nǎy yǎu mǒ tái hōk-sàang dá-bàw? Ngǎw tái m̌-dó.
4. Ngǎw chéng-dó Wǒng sèen-sàang lǎi s̄ik fāan.
5. Yàn-wāi háau-sēe gūm nǎan hōk-sàang háau m̌-dó.
6. Jòong-gwōk wā* hó˙nǎan; ngǎw hōk m̌-dó.
7. Nǎy yǎu mǒ mǎai-dó gáw-gā chè? Mǎai-dó.
8. Tìng-yāt háau-sēe; ngǎw hày-mōng háau-dó.

II. Need, needn't, must, no matter.

1. Yīu m̌-yīu báy chěen*? M̌-sái.
2. Gùm-yāt lǎi-bāai, m̌-sái dōok-shùe.
3. Ngǎw yàt dǐng yīu fàan òok-káy s̄ik fāan.
4. Ngǎw dāap m̌-dó chè. M̌-gán-yīu.

5. Ngăw góng báy kŏei tèng m̌-sái lăi.
6. Yīu m̌-yīu háau-sēe? Yàt dīng yīu.
7. Dōei-m̌-jūe, ngăw m̌-gāy-dùk lăi. M̌-gán-yīu.
8. Kŏei yău hó dàw chĕen*, m̌-sái tsō-gòong.
9. Năy m̌-sái pā, háau-sēe hó yŏong-yēe.
10. Gùm-yāt m̌-sái lăi, tìng-yāt yàt dīng yīu lăi.

III. Enough, too much.

1. Ngăw m̌-gāu chĕen, náy gāu m̌-gāu? Gāu.
2. Nèe-gàan fŏng* gāu m̌-gāu dāai? M̌-gāu dāai.
3. Nèe-gàan lău m̌-gāu gò, bùt-gwāw sàam chăng.
4. Ngăw m̌-gāu sĕe-hāu dōok-shùe.
5. Nèe-shūe m̌-gāu dāy-fòng háy òok.
6. Nèe-gàan lău yău yēe-sūp chăng, gò gwāw-tău.
7. Kŏei yău chĕen* dàw gwāw-tău.
8. Hèong Góng dèe yăn tāai dàw.
9. Năy gāu m̌-gāu dāy-fòng? Gāu là, dàw gwāw-tău.
10. Yău yăn m̌-gāu fāan sīk.

IV. Don't—'m̌-hó'.

1. M̌-hó hōei gáw-shūe.
2. M̌-hó tèng kŏei góng.
3. M̌-hó sīk nèe-dèe.
4. M̌-hó báy chĕen* kŏei.
5. M̌-hó m̌-gāy-dùk.
6. M̌-hó góng báy kŏei tèng.
7. M̌-hó fàan-hōei.
8. M̌-hó góng Yìng-mùn; yīu góng Gwóng-dòong wā*.
9. M̌-hó jà nèe-gā chè; hó ngăi-héem.
10. M̌-hó chăw dìk-sée hōei, gwāi gwāw-tău.

V. But, only.

1. Ngǎw séong hōei Yìng-gwōk dāan-hāi mǒ chěen*.
2. Ngǎw jòong-yēe nèe-gàan òok bùt-gwāw gwāi gwāw-tǎu.
3. Bùt-gwāw sāy gāw hōk-sàang háau-dó.
4. Ngǎw séong hōei dá-bàw dāan-hāi yēet gwāw-tǎu.
5. Ngǎw dáng hó nōy dāan-hāi kǒei mǒ lǎi.
6. Nèe-bō shùe hó pěng, bùt-gwāw sāy gāw ngǎn-chěen*.
7. Kǒei góng báy ngǎw tèng bùt-gwāw ngǎw m̌-mǐng-bāak.
8. Ngǎw mǐng-bāak bùt-gwāw m̌-séong hōei.
9. Nèe-gāw hōk-sàang hó chòong-mǐng bùt-gwāw háau m̌-dó.
10. Ngǎw séong mǎai nèe-dèe fà bùt-gwāw m̌-gāu chěen*.

VI. Before and after.

1. Kǒei chòot-gàai jèe-chěen sīk-jáw fāan.
2. Ngǎw sīk-fāan jèe-hāu hōei tái-hāy.
3. Ngǎw māy hōei Jòong-gwōk jèe-chěen m̌-sìk góng Gwōk-yǔe.
4. Kǒei bùt-yēep jèe-hāu hōei Sìng-gā-bàw tsō yèe-sàang.
5. Ngǎw māy sìk kǒei jèe-chěen mǒ pǎang-yǎu.
6. Ngǎw fōo-chùn sáy-jáw jèe-hāu ngǎw fàan-hōei Yìng-gwōk.
7. Ngǎw māy chòot-sāi jèe-chěen kǒei yěe-gìng hái-shūe.
8. Sīk fāan jèe-hāu ngǎw-dǎy chòot-gàai tái-hāy.
9. Gēet-fùn jèe-hāu kǒei-dǎy m̌-gāu chěen*.
10. Māy lǎi jèe-chěen ngǎw m̌-sìk kǒei.

More Practice

Read aloud, then correct or amend the following sentences:

1. Hái Hèong Góng Dăai-hŏk mŏ nŏei hŏk-sàang.
2. Hái Hèong Góng Jòong-mŭn Dăai-hŏk dèe hŏk-sàang dàw sō hăi nŏei-tsái.
3. Mĭng-hìng sŭp sōei-gē sĕe-hău dăai-hŏk bùt-yĕep.
4. Nèe-wăi* dŏok yèe-hŏk tŏong-măai lĭk-sée.
5. Hŏk-sàang wă kŏei-dăy yău hó dàw sĕe-hău dŏok-shùe.
6. Yĕe-gà hó síu yăn sĭk yèen.
7. Hăang gwāw mă-lŏ m̆-ngăi-héem.
8. Dèe hŏk-sàang m̆-pā háau-sēe.
9. Măai yàt gā hāy-chè m̆-sái hó dàw chĕen*.
10. Ngăw bùt-yĕep jèe-chĕen yĕe-gìng tsō yèe-sàang.
11. M̆-sái síu sùm hăang gwāw mă-lŏ.
12. Nğ déem-jòong dāap bà-sée m̆-hăi gáy năan.
13. Jòong-mŭn Dăai-hŏk mŏ Jòong-mŭn shùe.
14. Dàw-sō hŏk-sàang m̆-jòong-yēe dŏok-shùe.
15. Dèe hŏk-sàang hó chòong-mĭng dăan-hăi háai m̆-dó.

Answer the following as you please:

1. Năy gáy-sĕe bùt-yĕep?
2. Năy pā m̆-pā háau-sēe?
3. Hōei ngŏy-gwŏk dŏok-shùe dàw-sō hōei bèen-shūe?
4. Lăy sèen-sàang sĭk m̆-sĭk yèen?
5. Chăw fày-gày hăi m̆-hăi hó ngăi-héem?
6. Yīu hó síu sùm, hăi m̆-hăi?
7. Năy gāu m̆-gāu chĕen* măai nèe-gàan òok?
8. Năy gāu m̆-gāu sĕe-hău dŏok-shùe?
9. Năy-dăy dàw-sō hăi m̆-hăi Yìng-gwŏk yăn?
10. Năy-dăy hă-gāw lăy-bāai háau-sēe, hăi m̆-hăi?

ON THE TELEPHONE

1. Wái? Năy wún bèen-
gāw?

   Hullo. Who do you want?

2. Wŏng sèen-sàang hái-
shūe mā?

   Is Mr. Wong in?

3. Wŏng sèen-sàang? Nèe-
shūe mŏ yăn sīng Wŏng.
Năy dāap chāw sēen.

   Mr. Wong? There's no-
body called Wong here.
You've got the wrong num-
ber.

4. Năy gáy-dàw hŏ dēen-
wā*? Hāi m̆-hāi yēe lōok
yēe sàam lĭng yàt?

   What's your number? Is it
262301?

5. Yàt tsūn. Nèe-shūe hó
hùk. Ngăw tái m̆-gēen.
Yīu hòy dàng . . . Nèe
shūe yēe chàt yēe sàam
lĭng yàt.

   Wait a minute. It's dark
here. I can't see. I must put
on the light . . . No, this is
272301.

6. Dōei m̆-jūe. Ngăw dāap
chāw sēen. Wái! Wŏng
sèen-sàang hái shūe mā?

   I'm sorry. It's the wrong
number. Hullo, is Mr Wong
in?

7. Năy hāi bèen-wāi*?

   Who's speaking?

8. Ngăw hāi Lăy Wă-dùk.
Wŏng sèen-sàang tău-
sèen dá dēen-wā* gīu
ngăw dá fàan báy kŏei.

   This is Lee Wa-duk. Mr.
Wong phoned me earlier
and asked me to phone
him.

9. Dáng yàt tsūn. Ngăw
gīu kŏei lăi tèng dēen-
wā*.

   Wait a moment, I'll call
him to the phone.

10. Wái? Wǎ-dùk, gáy hó
mā? Hó nǒy m̀-gēen.

Hullo, Wa-duk, how are
you? Haven't seen you for a
long time.

11. Jùn hǎi. Nǎy tǎu-sèen
dá dēen-wā* báy ngǎw.

Yes. You phoned me a
little while ago.

12. Mǒ chāw. Nǎy tìng-tsìu
dùk-hǎan mā?

That's right. Are you free
tomorrow morning?

13. Ngǎw dùk-hǎan. Déem-
gáai nè?

Yes, I'm free. Why?

14. Ngǎw yǎu dèe sēe-gōn
séong tǒong nǎy góng.

I want to talk to you about
something.

15. Hǎi mèe-yě sēe? Hǎi
m̀-hǎi hó gán-yīu-gē?

What is it? Is it important?

16. M̀-hǎi sūp-fùn gán-yīu-
gē.

It's not terribly important.

17. Mèe-yě wā*? Ngǎw m̀-
mǐng-bāak. Hǎi mèe-
sēe?

What are you saying? I don't
understand. What is it?

18. Hǎi gúm-yēong*, ngǎw
séong gēet-fùn.

It's like this, I want to get
married.

19. Wǎ! Tǒong bèen-gāw?

I say! To whom?

20. Tǒong Hǎw síu-jé, tsìk-
hǎi Hǎw Mǎy-fòng;
kǒei hái Tèen Òn
Gòong-sèe tsō dá-tsēe.

To Miss Haw, I mean Haw
May-fong; she's a typist in
the Teen On Company.

21. Ngǎw sìk kǒei. Ngǎw
tèng-wā kǒei fōo-chùn
hó yǎu chěen*. M̀-sái
dáng dō tìng-tsìu gēen
nǎy. Nǎy gáy déem
jòong fōng gòong?

I know her. I've heard her
father is very rich. No need
to wait till tomorrow morn-
ing. When do you stop
work?

22. Nǧ déem sàu gòong;
dāan-hǎi ngǎw m̀-dùk
hǎan, ngǎw yīu fàan
òok-káy dá-lǎy ngǎw-
gē sāi-ló; kǒei yǎu běng.

Five o'clock but I'm not free;
I must go home to look after
my younger brother; he's
ill.

23. Ngăw tsìu-tsìe gáu déem
fàan gòong tsāu wŏoi
dá dēen-wā* báy năy.
Sūp-yàt déem yĕe-hāu
ngăw dùk-hăan tŏong
năy yúm gā-fè.

Every morning I go to work
at nine and I'll phone you
then. After eleven I'll be
free to have coffee with you.

24. Hó hó, sūp-yàt déem
gūm sēong-hā* ngăw
dùk-hăan. Ngăw yàt
tèng-dó năy-gē dēen-
wā* ngăw tsāu lăi.

Good, I'll be free at about
eleven. As soon as I have
your phone call I'll come.

Vocabulary

1. wún   to look for, search.
2. hái-shūe   to be in, at home.
3. dāap chāw sēen   wrong number.
4. gáy-dàw hō?   what number?
5. tău-sèen   a moment ago, just now.
6. dùk-hăan   to be free, have leisure.
7. sēe-gōn   affairs, business, matters. (Longer form of
   'sēe', Lesson 9.)
8. tsìk-hāi   that is to say, I mean.
9. mèe-yĕ wā*?   what did you say?
10. gòong-sèe   a company.
11. tèng-wā   to hear it said.
12. dō   until, up to.
13. fōng gòong   to stop work.
14. dá-lăy   to look after.
15. sàu gòong   to stop work, alternative to 'fōng gòong'.
16. yĕe-hāu   after.
17. gūm-sēong-hā*   about, approximately.
18. yàt   plus verb, as soon as . . .
19. hùk   dark, black.

20. tái-gēen   to see.
21. hòy   to open.
22. dàng   a light, lamp.
    hòy dàng   to switch on the light.
23. dēen-dàng   electric light.
24. tsìu-tsìu   every morning.

Notes

1. The important expression 'to be in' is rendered simply (Sentence 2) by 'hái-shūe', literally 'at (or in) place'. An alternative form is 'hái-dō̄'. Another word for 'at' or 'in' is 'héong' and so we have 'héong-dō̄' or 'héong-shūe'.

2. Wrong numbers on the telephone are common and so the expression 'dāap chāw sēen' is a useful one. It means literally 'on the wrong line'.

3. To ask 'what number?' (Sentence 4) not only of telephones but of houses, etc., we say 'gáy-dàw hō̄?', literally 'how many number?'. In answering we merely give the number in case of telephones but for house numbers we say 'sàam hō̄' (number three), 'yēe-sūp-ňg hō̄' (number twenty-five), etc.

4. In Sentence 5 the compound verb 'tái-gēen', here in the negative 'tái ň-gēen', is an effective way of saying 'to see', being literally 'to see meet (or feel)', the second verb being used to indicate the success of the action stated by the first. The phrase 'I can't see (it)' could also be rendered by 'ngǎw tái ň-dó'.

5. To switch on a light (Sentence 5) the Chinese say 'to open', 'hòy dàng'. To switch off, similarly, is 'shut' sàan dàng, or 'rest' 'abate', namely 'sìk dàng'.

6. Whilst in English we say 'answer the telephone' (Sentence 9) in Chinese we say 'hear (or listen to) the telephone'— 'tèng dēen-wā*'.

7. In Sentence 12 in the expression 'dùk-hǎan' meaning 'to be free' or 'to have leisure to do something' we have an example of the verb 'dùk' being used as a main verb meaning 'to have' or 'to get' or 'to obtain'. This common and very useful phrase means literally, therefore, 'have leisure'. It is, of course, equally common in the negative— 'm̀-dùk-hǎan', meaning 'I'm busy' or 'I have no time'.

8. Sentence 14. Compared to English, Chinese has few prepositions. A common and useful one is 'tǒong', meaning 'with'. In this sense it can, of course, also mean 'and'—often in the longer form 'tǒong-mǎai', Lesson 3. Here 'tǒong' is used for the preposition in 'speak to'. In Sentence 19 it is also used for 'to' in 'married to . . .'. 'Tǒong' can also mean 'for', on behalf of'.

9. Sentence 16. The phrase 'tsìk-hāi' is very useful. In conversation we are always saying 'I mean', 'you see', 'that is to say' and so on.

10. 'I hear it said' is rendered in Chinese (Sentence 21) in the same way as in English except more tersely, thus: 'ngǎw tèng-wā', literally 'I hear say'.

11. 'To stop work' and 'to start work' are rendered simply by (Sentence 21) 'fōng gòong', literally 'release work' and (Sentence 23) 'fàan gòong', literally 'return work'.

12. To render 'about', 'approximately' we have already had 'chà-m̀-dàw' in Lesson 7. Now in Sentence 24 we have

another expression with the same meaning—'gūm sēong-hā*', literally 'thus above-below'. However, the first one is always used before the matter it qualifies but 'gūm sēong-hā*' always comes after.

13. Sentence 24. The phrase 'as soon as' is very neatly rendered in Chinese by the numeral 'yàt' (one) followed by the appropriate verb. The phrase is usually but not always completed by 'tsāu' meaning 'then'. The logic is readily perceptible—'one hear . . . then (tsāu) . . .'.

Drill

I. To be in, at home, 'hái-shūe', 'hái-dō', 'héong-shūe'.

   1. Lǎy sèen-sàang hái-shūe mā? M̄-hái-shūe.
   2. Mǐng-hìng hái-dō mā? Hái-dō.
   3. Kŏei m̄-hái-shūe, kŏei māy fōng gòong.
   4. Gīu kŏei lǎi tèng dēen-wā*. Kŏei m̄-héong-shūe.
   5. M̄-hái-shūe? Kŏei yàt fàan gīu kŏei dá dēen-wā* báy ngǎw.
   6. Wŏng síu-jé hái m̄-hái-shūe? Hái-shūe; bèen-wāi* wún kŏei?
   7. Ngǎw sīng Lǎw. Kŏei tǎu-sèen m̄-hái-dō.
   8. Yĕe-gà héong-dō. Kŏei ngàam-ngàam fàan-lǎi.

II. What number? What date? 'Gáy-dàw hō?'

   1. Nǎy gáy-dàw hō dēen-wā*? Nèe-shūe sàam yēe bāat yēe yēe sàam.
   2. Nǎy gàan fǒng* gáy-dàw hō? Ngǎw-dāy sāy hō fǒng*.
   3. Gùm-yāt gáy-dàw hō? Gùm-yāt sūp-sàam hō.
   4. Nǎy chǎw gáy-dàw hō bà-sée? Gáu-hō bà-sée.

5. Nǎy-gàan òok gáy-dàw hō? Mǐng Hìng Dō
   gáu-sūp-sàam hō.
6. Nèe-gāw yūet gáy-dàw hō hōei Sìng-gā-bàw?
   Sūp-ňg hō.
7. Ngǎw yīu dá gáy-dàw hō dēen-wā*? Sàam
   lǐng yàt sāy lǐng sāy.
8. Nǎy gā chè gáy-dàw hō? AA yàt chàt sàam
   bāat.
9. Kǒei gáy-dàw hō gēet-fùn? Sūp-ňg hō.
10. Nǎy jūe gáy-dàw hō fǒng*? Sàam lǐng yàt hō
    fǒng*.

III. The telephone—'dēen-wā'*.

1. Nǎy yǎu mǒ dēen-wā*? Yǎu.
2. Gáy-dàw hō? Sàam sàam sāy bāat lǐng yàt.
3. Chéng lǎi tèng dēen-wā*.
4. Kǒei gīu ngǎw dá dēen-wā* báy kǒei.
5. Chéng nǎy dá dēen-wā* báy ngǎw.
6. Wái? Nǎy wún bèen-gāw ā? Tèen Òn
   Gòong-sèe. Dāap chāw sēen.
7. Nèe-gāw dēen-wā* m̌-hó. Hó nǎan tèng.
8. Ngǎw tèng m̌-dó. Bèen-wāi* góng?
9. Wái? Wǒng sèen-sàang? Ngǎw hǎi. Nǎy
   hǎi bèen-wāi*?
10. Chéng nǎy dá dēen-wā* báy Chǔn sèen-sàang.

IV. Time words: Just now—'tǎu-sèen'. Just—'ngàam-
    ngàam'.

1. Kǒei tǎu-sèen hái-shūe; yěe-gà m̌-hái.
2. Kǒei ngàam-ngàam fōng gòong.
3. Dáng yàt tsūn; ngǎw gīu kǒei lǎi tèng dēen-wā*.

4. Nǎy tǎu-sèen wǎ mèe-yě? Ngǎw tǎu-sèen wǎ Lǎy sèen-sàang hōei-jáw.
5. Yàt tsūn; kǒei tǎu-sèen hái-shūe; kǒei ngàam-ngàam tsáu-jáw.

V. In what way? This way. 'Déem-yēong*? Gúm-yēong*'.

1. Nǎy déem-yēong* dá-tsēe? Gūm yēong*. Hó yǒong-yēe.
2. Nǎy déem-yēong* lǎi Hèong Góng? Ngǎw chǎw fày-gày lǎi.
3. Nǎy déem-yēong* yōong fāai-tsée? Gúm yēong*. M̌-hāi gáy nǎan.
4. Déem-yēong* tsō? Gúm yēong*.
5. Hāi gúm-yēong*; kǒei m̌-hāi ngǎw pǎang-yǎu, ngǎw m̌-sìk kǒei.

VI. Put on the light . . . switch it off.

1. Hòy dàng! Ngǎw tái m̌-gēen.
2. Sìk dàng! Ngǎw-dǎy chòot-gàai.
3. Hòy dàng! Ngǎw yīu tái bō-jée.
4. Hòy dàng! Nèe-shūe hó hùk, ngǎw tái m̌-gēen.
5. M̌-sái hòy dàng; ngǎw tái-dùk gēen.
6. Chéng sìk dàng, ngǎw m̌-séong tái bō-jée.
7. Kǒei sìk-jáw dàng; yěe-gà hó hùk.
8. Ā Yìng! Hòy dàng! Hòy-jáw là.
9. Dēen-dàng hái bèen-dō? Ngǎw wún m̌-dò*.
10. Déem-yēong* hòy dàng? Gúm-yēong*.

VII. Busy and free. 'Dùk-hǎan, m̌-dùk-hǎan'.

1. Nǎy dùk-hǎan mā? Ngǎw m̌-dùk-hǎan.
2. Chéng yúm bòoi gā-fè. Ngǎw m̌-dùk-hǎan, m̌-gòy.

3. Ngăw hó m̄-dùk-hăan, ngăw yău hó dàw gòong.
4. Năy gùm-măan dùk-hăan mā? Chéng hōei tái hāy. Ngăw dùk-hăan.
5. Ngăw-dāy tīng-yāt háau-sēe, ngăw hó m̄-dùk-hăan.
6. Năy dùk-hăan m̄-dùk-hăan nè? Ngăw dùk-hăan.
7. Ngăw gùm-măan chàt déem-jòong dùk-hăan.
8. Ngăw yīu tsō gòong, ngăw m̄-dùk-hăan.

VIII. 'Very' plus verb.

1. Kŏei hó yău chĕen*.
2. Kŏei hó sìk góng Jòong-gwōk wā*.
3. Kŏei hó sìk jà chè.
4. Ngăw hó jòong-yēe Hèong Góng.
5. Ngăw hó m̄-jòong-yēe kŏei.
6. Ngăw hó séong hōei Jòong-gwōk.

IX. Uses of 'tŏong' and 'tŏong-măai'.

1. Ngăw tŏong năy hōei, hó m̄-hó? Hó.
2. Kŏei chŭm-yāt tŏong ngăw lăi.
3. Ngăw séong tŏong năy góng.
4. Kŏei tŏong bèen-gāw gēet-fùn? Tŏong Lăy síu-jé.
5. Ngăw tŏong năy gīu dìk-sée lăi, hó m̄-hó? Hó, m̄-gòy.
6. Ngăw tŏong-măai kŏei hó păang-yău.

X. That is to say, I mean . . . 'tsìk-hāi'.

1. Ngăw séong fàan-hōei Gwóng-dòong, tsìk-hāi Gwóng-jàu.
2. Lăy sèen-sàang, tsìk-hāi ngăw-gē hōk-sàang.

3. Kŏei hā-gāw yūet gēet-fùn, tsìk-hāi sāy yūet
ňg hō.
4. Mǐng-dùk, tsìk-hāi Wŏng sèen-sàang-gē dāai-ló.
5. Kŏei tìng-yāt lǎi, tsìk-hāi lǎi-bāai sāy.
6. Ngăw-dǎy hāi hōk-sàang, tsìk-hāi ngăw-dǎy hōk
Gwóng-dòong wā*.
7. Năy yīu chǎw chè hōei, tsìk-hāi chǎw bà-sée
hōei.
8. Hōk sé tsēe, tsìk-hāi Jòong-gwōk tsēe, hó nǎan.
9. Kŏei hái nèe-shūe tsō gòong, tsìk-hāi tsō bāy-
shùe.
10. Tsō bāy-shùe, tsìk-hāi tsō dá-tsēe.

XI. Work, affairs.

1. Ngăw tsìu-tsìu gáu-déem fàan gòong.
2. Gáy-déem fōng gòong?
3. Ňg déem fōng gòong.
4. Kŏei tsō mèe-yě gòong.   Kŏei tsō dá-tsēe.
5. Năy tsō mèe-yě sēe?   Ngăw tsō yèe-sàang.
6. Yǎu mèe-yě sēe-gōn?   Mŏ sēe-gōn.
7. Ngăw m̌-dùk-hǎan, yǎu hó dàw gòong tsō.
8. Lǎy sèen-sàang m̌-dùk-hǎan, yǎu hó dàw sēe-
gōn.
9. Kŏei gùm-yāt mŏ fàan gòong, yǎu bēng.
10. Gùm-yāt lǎi-bāai, yàt déem fōng gòong.

XII. About, approximately.   'Chà-m̌-dàw', 'gūm sēong-
hā'*.

1. Gáy-dàw gāw hōk-sàang?   Chà-m̌-dàw sàam-
sūp gāw.
2. Sàam-sūp gāw gūm sēong-hā*.
3. Năy gáy-déem sīk ān-jāu?   Yàt déem, gūm
sēong-hā*.

4. Gáy-dàw chĕen*? Yēe-sūp mùn gūm sēong-
   hā*.
5. Chà-m̀-dàw ňg-sūp gāw yǎn.
6. Ňg-sūp gāw yǎn gūm sēong-hā*.

XIII. As soon as . . . 'yàt' plus verb.

1. Ngǎw yàt tèng kŏei góng tsāu jèe hāi Wŏng
   sèen-sàang.
2. Kŏei yàt fàan-lǎi tsāu sáy-jáw.
3. Ngǎw yàt fàan òok-káy tsāu dá dēen-wā* báy
   kŏei.
4. Kŏei yàt hòy dàng tsāu tái-gēen ngǎw.
5. Ngǎw yàt tái bō-jée tsāu jèe.

More Practice

Answer the following in at least two ways for each question:

1. Nǎy wún bèen-gāw?
2. Gáy-dàw hō dēen-wā*?
3. Nèe-shūe chà-m̀-dàw gáy-dàw gāw hōk-sàang?
4. Kŏei tŏong bèen-gāw gēet-fùn?
5. Lǎw sèen-sàang hái-shūe mā?
6. Nèe-gēen sēe gǎn-yīu m̀-gán-yīu-gē?
7. Yǎu mŏ yǎn dá dēen-wā* báy ngǎw?
8. Nǎy tìng-tsìu dùk-hǎan mā?
9. Nǎy déem-yēong* lǎi?
10. Tǎu-sèen bèen-gāw tèng dēen-wā*?
11. Nǎy gáy-déem jòong fōng gòong?
12. Tìng-tsìu gáy-déem fàan gòong?
13. Yīu m̀-yīu hòy dàng?
14. Nǎy chǎw gáy-dàw hō bà-sée hōei?
15. Nèe-shūe hó hùk; nǎy tái-gēen mā?
16. Gùm-yāt gáy-dàw hō?

17. Yŭe-gwáw ngăw góng gwōk-yŭe năy mĭng m̆-mĭng bāak?
18. Yău mŏ yăn sīng Lăy hái-shūe?
19. Ngăw gáy-déem jòong sìk dàng?
20. Bèen-gāw hó yău chĕen*?

GOING TO A PARTY

1. Ngăw gùm-măan jēok mèe-yĕ sàam?

   What dress will I wear tonight?

2. Gáw-gēen lăam-sìk-gē hó lēng.

   That blue one's very pretty.

3. Hó. Gùm-măan hó yēet. Gáw-gēen sàam yāu lēng yāu bōk.

   All right. It's very hot tonight. The dress is pretty and thin too.

4. Ngăw jēok mèe-yĕ hó nè? Gáw-tō fòoi-sìk yèe-fōok ngàam mā?

   What shall I wear? Is the grey suit right?

5. Ngàam sāai. Gùm-măan hāi tŏng-chàan dĭng-hāi sài-chàan?

   Yes, indeed. Is it Chinese or western food tonight?

6. Ngăw núm hāi sài-chàan. Nèe-tĭu fōo m̆-hāi gáy gòn-tsēng.

   I think it's western. This pair of trousers isn't very clean.

7. M̆-hāi òo-tsò, tsīng-hāi yīu tōng-hă. Ā Yìng, nìng nèe-tĭu fōo hōei tōng.

   They're not dirty, just need to be ironed. A Ying, take these trousers and iron them.

8. Nèe-tō yèe-fōok gūm hāu, ngăw pā ngăw wŏoi hó yēet.

   This suit is so thick, I'm afraid I'll be very hot.

9. M̆-wŏoi. Jèong sèen-sàang gàan òok yău lăang hāy. Năy m̆-sái pā.

   You won't. Mr. Cheong's house is air-conditioned. Don't worry.

10. Yīu m̀-yīu sōong dèe fà báy Jèong tāai-tāai*?

Do we need to give some flowers to Mrs. Cheong?

11. Yìng-gòy. Nǎy jèe m̀-jèe Jèong sèen-sàang chéng bèen-dèe yǎn-hāak sīk chàan?

We ought to. Do you know which guests Mr. Cheong has invited to dinner?

12. Ngǎw m̀-jèe-dō. Nǎy tsō mèe-yě gūm māan? Yīu fāai-dèe jēok sàam.

I don't know. Why are you so slow? You need to dress more quickly.

13. M̀-pā, jōong yǎu hó dàw sěe-hāu. Mǎy chàt déem-jòong. Sái-mùt gūm fāai? Ngǎw jōong mǎy chòong-lěong.

Don't worry, there's still plenty of time. It's not seven yet. What's the hurry? I haven't had my bath yet.

14. Mǎy chòong-lěong*? Ngǎw chòong-jáw-lěong hó nōy là.

Not had your bath? I had mine a long time ago.

15. Ngǎw dōei hǎai hái bèen-shūe?

Where are my shoes?

16. Ngǎw m̀-jèe. Gīu Ā Yìng nìng nǎy-gē hǎai lǎi. Kǒei yàt-dīng jèe-dō hái bèen-shūe.

I don't know. Tell A Ying to bring your shoes. She's bound to know where they are.

17. Ā Yìng! Nìng ngǎw dōei hǎai lǎi.

A Ying, bring my shoes.

18. Gīu Ā Yìng sàan-mǎai dèe mǒon tǒong-mǎai dèe chèong-mǒon. Kǒei yìng-gòy hōei fūn-gāu; ngǎw-dāy yàt-dīng hó yē fàan-lǎi.

Tell A Ying to shut the doors and windows. She ought to go to bed; we're bound to be late coming back.

19. Ngǎw yěe-gìng hó gwōoi. Ngǎw-dāy mǎan-mǎan dò chòot-gāai.

I'm tired already. We go out every night.

20. M̌-hāi   mǎan-mǎan.   Not every night. Only once
    Nèe-gāw lǎi-bāai yàt   this week.
    chēe jè.

21. M̌-hāi, lǎi-bāai yàt, lǎi-   No; Monday and Wednes-
    bāai   sàam,   tsìk-hāi   day, that's twice. It doesn't
    lěong chēe. M̌-gán-yīu.   matter. Can't be helped.
    Mǒ bāan-fāat. Ngǎw   I'm off to my bath. Remem-
    yěe-gà hōei chòong-   ber to call a taxi. We have
    lěong. Nǎy yīu gāy-dùk   to be at Mr. Cheong's by
    gīu dìk-sée lǎi. Ngǎw-   eight o'clock.
    dāy yīu bāat-déem-
    jòong dō Jèong sèen-
    sàang shūe.

Vocabulary

1. lǎam   blue.
   lǎam-sìk-gē   blue-coloured.
2. yāu. . .yāu   both . . . and.
3. bōk   thin, flimsy (not opposite of fat).
4. tō   classifier for clothes, i.e. a suit of clothes.
5. fòoi   grey.
   fòoi-sìk   grey colour.
6. ngàam   right, correct cf. Lesson 11, Vocabulary 18.
7. sāai   all, complete.
   ngàam sāai   quite right, all correct.
8. tǒng-chàan   Chinese meal.
   tǒng   Cantonese for T'ang, i.e. T'ang Dynasty.
9. dǐng-hāi   or—used in questions.
10. sài-chàan   a western-style meal.
    sài   west, c.f. Lesson 7, Vocabulary 16.
11. fōo   trousers, classifier 'tǐu'.
12. gòn-tsēng   clean.
13. oò-tsò   dirty.
14. tsǐng-hāi   only.

15. tōng   to iron, press.
16. hāu   thick.
17. wŏoi   shall, will.
18. sōong   to give, present, escort, see off.
19. yìng-gòy   ought.
20. tsō mèe-yĕ?   why? for what reason? what do you mean? (*lit.* 'do what?').
21. sĕe-hāu   time, period.
22. sái-mùt?   what's the need?
23. chòong-lĕong   to have a bath.
24. dōei   a pair.
25. hăai   shoes.
    yàt dōei hăai   a pair of shoes.
26. gīu   to tell, instruct, summon, cf. Lesson 9, Vocabulary 2.
27. sàan   to shut.
    sàan-măai   to shut tight.
28. mŏon   a door, classifier 'dō̄'.
29. chèong-mŏon   window, classifier 'dō̄'.
30. yē̄   late at night.
31. gwōoi   tired.
32. mŏ bāan-fāat   it can't be helped.
33. dō̄   to reach, arrive at cf. Lesson 14, Vocabulary 16.
34. yăn-hāak   a guest.

Notes

1. Sentence 2. The possessive particle '-gē' has been introduced several times already. Its use to mean a class or group or 'ones' is very common. Additional examples are given in Drills.

2. In Sentence 3. 'yāu' is used in a double form to qualify the two adjectives and give the equivalent of the English 'both . . . and'. 'Yāu' by itself means 'also' and can be used as an alternative to 'dò'.

3. Sentence 5. 'Sāai', meaning 'all', 'completely' always comes at the end of the phrase to which it refers. Like almost all other usages in Chinese it can best be learned by Drill.

4. The word 'or' (Sentence 5) is rendered in a number of ways. In questions:

dīng-hāai   yìk-wāak

In these cases the question is formed without any interrogative particle or question word. 'Dīng-hāai' and 'yìk-wāak' are themselves question words.

In a statement 'or' is rendered by 'wāak-jé' which has the other meaning of 'perhaps'.

5. Sentence 7. 'Tsīng-hāi' is one way of rendering 'only'. The others, introduced in earlier Lessons, are 'bùt-gwāw' (Lesson 13) and 'jè' as a final (Lesson 4).

6. Sentence 10. The verb to present or make a gift of something 'sōong' must have the verb 'báy' to complete the phrase. The thing given, i.e. the direct object, comes after 'sōong' and the person to whom it is given, the indirect object, follows 'báy'.

7. Sentence 12. The word 'jēok' meaning 'to wear' is here used meaning 'to put on clothes', 'to dress'.

8. Sentence 14. When a compound verb such as 'chòong-lěong' is put in the past tense by the use of '-jáw' this suffix is put between the two words. It is in fact attached to the verb proper. 'Chòong-lěong' is literally 'pour out cool or refreshing'.

Drill

I. '-gē' indicating 'ones', a class of . . . , etc.

1. Ngăw jòong-yēe lăam-sìk-gē.
2. Gáw-dèe hāi tsōei hó-gē.
3. Nèe-dèe dāai-gē hó gwāi.
4. Năy jēok mèe-yé sàam? Bāak-sìk-gē.
5. Năy tsō meè-yĕ gòong? Ngăw hāi gāau-shùe-gē.
6. Hái Sìng-gā-bàw jūe-gē dàw-sō hāi Jòong-gwōk yăn.
7. Sìk góng Yìng-mŭn-gē hāi ngăw-gē păang-yău.
8. Sìk tŏng-chàan-gē hāi hōk-sàang.
9. Gáw-dèe fà hó pĕng-gē.
10. Kŏei hó yău chĕen*-gē.

II. 'yāu'—also; 'yāu . . . yāu'—both . . . and.

1. Kŏei yāu hāi ngăw-gē păang-yău.
2. Tèen-hāy m̆-hó, yāu yēet yāu sùp.
3. Kŏei-gē chè yāu hāi Yìng-gwōk-gē.
4. Gáw-gāw nŏei-tsái yāu lēng yāu yău chĕen*.
5. Kŏei m̆-hāi Jòong-gwōk yăn; ngăw yāu m̆-hāi.

III. 'sāai'—all, completely.

1. Ngăw sīk sāai là.
2. Dèe hōk-sàang hōei sāai.
3. Ngăw m̆-gāy-dùk sāai.
4. Kŏei góng sāai báy ngăw tèng.
5. Ngàam sāai.

But remember that 'everybody', 'each one' is rendered by duplicating the classifier and adding 'dò'. 'Everybody' can also be made by duplicating 'yăn'. Thus:

IV. 'each', 'every'.

1. Gāw gāw hōk-sàang dò hāi Jòong-gwōk yǎn.
2. Gàan gàan òok dò hó lēng.
3. Dèe chè gā gā dò hāi Mǎy-gwōk-gē.
4. Gāw gāw dò jòong-yēe kǒei.
5. Ngǎw-dǎy gāw gāw dò hó gwōoi.
6. Yǎn-yǎn dò yīu hōei.
7. Gāw-gāw dò hāi Sài-yǎn.
8. Yǎn-yǎn dò hái-shūe.
9. Gāw-gāw dò chòot-gàai.
10. Yǎn-yǎn dò yìng-gòy dōok-shùe.

V. Time words duplicated; every year, day, morning, evening.

1. Kǒei-dǎy něen-něen dò fàan-hōei Mǎy-gwōk.
2. Yāt-yāt lōk yǔe.
3. Ngǎw tsìu-tsìu gáu déem-jòong fàan gòong.
4. Kǒei mǎan-mǎan dò chòot-gàai sīk chàan.
5. Kǒei yāt-yāt hōei Gáu-lǒong mǎai yě.
6. Ngǎw yāt-yāt hōei hōk-hāau dōok-shùe.
7. Kǒei něen-něen dò mǎai yàt gā chè.
8. Wǒng sèen-sàang tsìu-tsìu gáu déem-jòong hōei sé-tsēe-lǎu.
9. Kǒei-dǎy mǎan-mǎan hōei tái-hāy.
10. Kǒei yāt-yāt lǎi nèe-shūe.

'Always', 'frequently' is made by duplicating 'sěe' (time).

11. Kǒei sěe-sěe hōei gáw-shūe sīk ān-jāu.
12. Nèe-shūe sěe-sěe lōk-yǔe.
13. Kǒei sěe-sěe chǎw bà-sée lǎi.
14. Hái Yìng-gwōk sěe-sěe dò hó lǎang.
15. Ngǎw-dǎy sěe-sěe góng Gwóng-dòong wā*.

VI. 'Or' in questions—dīng-hāi.
and in statements—wāak-jé (perhaps).

1. Năy jòong-yēe chă dīng-hāi gā-fè?
2. Năy yīu tái hāy dīng-hāi dá-bàw?
3. Kŏei tŏong bèen-gāw gēet-fùn? Chŭn síu-jé dīng-hāi Lăy síu-jé?
4. Ngăw yīu jēok gáw-gēen sàam dīng-hāi nèe-gēen?
5. Năy ōy sĭk jùe-yōok dīng-hāi gài?
6. Ngăw gùm-yāt tái nèe-bóon shùe wāak-jé gáw-bóon.
7. Chŭn sèen-sàang wāak-jé Hăw sèen-sàang yàt-dīng lăi.
8. Năy jēok gáw-gēen sàam wāak-jé nèe-gēen dò m̄-gán-yīu.
9. Ngăw wāak-jé hōei Gáu-lŏong wāak-jé Hèong Góng.
10. Kŏei wā lăi-bāai sàam lăi wāak-jé lăi-bāai sāy.

VII. 'tsīng-hāi', 'bùt-gwāw' (Lesson 13)—only.

1. Tsīng-hāi ngăw yàt gāw yăn.
2. Kŏei tsīng-hāi wā m̄-séong lăi.
3. Ngăw tsīng-hāi yău lĕong mùn.
4. Ngăw bùt-gwāw yău lĕong mùn.
5. Ngăw bùt-gwāw yău yàt gāw păang-yău.
6. Kŏei tsīng-hāi sìk yàt gāw tsēe.
7. Ngăw tsīng-hāi séong sĭk síu síu fāan.
8. Năy tsīng-hāi yīu tōng nèe-gēen sàam síu síu.

VIII. 'sōong . . . báy'—to present, make a gift.

1. Kŏei sōong yàt bóon shùe báy ngăw.
2. Ngăw sōong dèe fà báy Wŏng tāai-tāai*.

3. Yău yǎn sōong nèe-gēen yě báy năy.
4. Kŏei sōong dèe chěen báy ngăw.
5. Ṁ-hó sōong dèe yě báy kŏei.

IX. Why?—'tsō̄ mèe-yě?', 'déem-gáai?' (Lesson 7).

1. Năy lǎi Hèong Góng tsō̄ mèe-yě?
2. Năy déem-gáai lǎi Hèong Góng?
3. Năy tsō̄ mùt-yě mŏ góng báy ngăw tèng?
4. Năy déem-gáai mŏ góng báy ngăw tèng?
5. Tsō̄ mèe-yě gūm gwāi?
6. Déem-gáai gūm gwāi?
7. Tsō̄ mèe-yě nèe-gēen sàam gūm òo-tsò?
8. Déem-gáai nèe-gēen sàam ṁ-gòn-tsēng?
9. Tsō̄ mùt-yě Ā Mǐng ṁ-hái-shūe?
10. Déem-gáai Ā Mǐng mŏ lǎi?

X. 'Sái-mùt gūm . . .?' Why so . . .?

1. Sái-mùt gūm gwāi?
2. Sái-mùt gūm māan?
3. Sái-mùt gūm dàw?
4. Sái-mùt gūm síu?
5. Sái-mùt gūm fāai?

XI. 'Gīu'—to tell, i.e. instruct.

1. Gīu kŏei lǎi.
2. Gīu dìk-sée lǎi.
3. Gīu Ā Hìng ṁ-hó hōei.
4. Chéng gīu Wŏng sèen-sàang lǎi tèng dēen-wā*.
5. Gīu Ā Yìng nìng năy-gē sàam lǎi.

And remember 'gīu-tsō̄' (Lesson 9), to be called, to be named.

6. Ngăw gīu-tsō Ā Mǐng.
7. Kǒei gīu-tsō Ā Yìng.
8. Năy gīu-tsō mèe-yĕ mĕng*?
9. Ngăw gīu-tsō Ā Jòong.
10. Kǒei gīu-tsō Lēen-fà.

More Practice

Read aloud and answer the following in as many ways as possible:

1. Năy tsō mèe-yĕ gūm mǎan?
2. Năy déem-gáai gūm gwōoi?
3. Năy jòong-yēe gā-fè dǐng-hāi chă?
4. Ngăw-dāy măan-mǎan chòot-gàai, hāi m̆-hāi?
5. Năy jòong-yēe tŏng-chàan dǐng-hāi sài-chàan?
6. Nèe-tǐu fōo sái-mùt gūm òo-tsò?
7. Năy yàt gāw lăi-bāai chòot-gàai gáy-dàw chēe?
8. Năy hōei-gwāw Măy-gwōk gáy-dàw chēe?
9. Năy yīu m̆-yīu ngăw sàan mŏon?
10. Năy jēok mèe-yĕ sàam?
11. Ngăw sé nèe-gāw tsēe, sé-dùk ngàam m̆-ngàam?
12. Gáw-tō yèe-fōok gòn m̆-gòn-tsēng?
13. Năy yīu jēok bōk sàam dǐng-hāi hāu sàam?
14. Năy jèe m̆-jèe bèen-gāw lăi sīk chàan?
15. Yīu m̆-yīu hòy chèong-mŏon?
16. Năy chŭm-măan gáy-déem jòong hōei fūn-gāu?
17. Năy chòong-jáw lĕong măy?
18. Gāu m̆-gāu sĕe-hāu tōng nèe-tǐu fōo?
19. Ngăw gùm-măan jēok mèe-yĕ hăai? Hùk-sìk dǐng bāak-sìk-gē?
20. Năy tsìu-tsìu gáy-déem fàan-gòong?
21. Năy yāt-yāt gáy-déem fōng-gòong?
22. Năy ōy m̆-ōy bāak-sìk-gē?
23. Sái-mùt gūm fāai?
24. Ngăw gīu dìk-sée lăi, hó m̆-hó?
25. Năy sīk-jáw sāai măy?

PEOPLE

1. Kŏei hāi bèen-gwōk yǎn?

   What nationality is he?

2. Kŏei hāi Yān-dō yǎn. Chăw gáw-shūe gáw-gāw hāi Mǎ-làai-yǎn.

   He's an Indian. The man sitting over there is a Malay.

3. Jūe Sìng-gā-bàw-gē dàw-sō hāi mèe-yě yǎn?

   What are most of the people living in Singapore?

4. Dàw-sō hāi Tŏng-yǎn, tsìk-hāi kŏei-dāy bóon-lŏi hāi Jòong-gwōk lǎi-gē.

   Most of them are Chinese, that is to say they originally came from China.

5. Nèe-shūe yǎn-háu gáy dāai?

   What's the population here?

6. Chà-m̄-dàw yēe bāak mǎan.

   About two million.

7. Gūm dàw! Tŏng-yǎn, Yān-dō yǎn yǎu sěe fàan tsēe-gáy tsó-gà, hāi m̄-hāi?

   So many! Do the Chinese and Indians sometimes go back to their own countries?

8. Yēen-tsōy m̄-fàan. Sìng-gā-bàw hāi kŏei-dāy gwōk-gà. Kŏei-dāy hāi nèe-shūe chòot-sāi. Hó chēe Mǎy-gwōk gāu-tsūn-sěe* — gáw-shūe dèe Sài-yǎn bóon-lŏi hāi Àu-jàu lǎi-gē.

   They don't go back now. Singapore is their own country. They were born here. It's like America in the past—the western people there originally came from Europe.

9. Háw m̀-háw-yĕe yĕe-gà sĭk fāan?

Can we have our meal now?

10. Háw-yĕe dāan-hāi tsōei hó ngăw-dāy dáng Wŏng síu-jé lăi.

We can but we'd better wait till Miss Wong comes.

11. Dòng-yĕen là! Ngăw m̀-gāy-dùk.

Of course, I'd forgotten.

12. Năy wún-dó gòong-yăn māy?

Have you found any servants yet?

13. Ngăw dùk yàt gāw jè. Sèe-gày, fà-wŏng hó năan wún; yĕe-ché yăn-gòong hó gwāi. Ngăw wún-dó gáw-gāw hāi Tŏng-yăn. Kŏei tsō sái-sàam. Ngăw tsēe-gáy hōei gàai-sĕe măai yĕ, júe chàan. Ngăw sĕe-sĕe m̀-dùk-hăan.

I've only got one. Drivers and gardeners are difficult to find. What's more wages are very high. The one I've found is Chinese. She does the washing. I go to the market myself and do the cooking. I'm always busy.

14. Gáw-shūe yúm chă gáw-dèe hāi mèe-yĕ yăn?

Who are these people drinking tea?

15. Ngăw tèng kŏei-dāy góng, hó chĕe hāi Măy-gwōk yăn.

By their accents I think they're Americans.

16. M̀-hāi kŏei-dāy; gáw-bēen gáw-dèe.

Not them, the ones over there.

17. M̀-jèe nè, hó chĕe Yāt-bóon yăn. Nèe-gàan tsáu-gà yău hó dàw jóong yăn. Èi-yā! Yĕe-gìng chàt déem bōon. Tsō mèe-yĕ Wŏng síu-jé māy lăi? Kŏei hó chĕe.

I don't know, they look like Japanese. There are many different kinds of people in this restaurant. I say, it's already half past seven. Why hasn't Miss Wong come yet? She's very late.

18. Ngăw núm kŏei yàt dĭng lăi-gán.

I'm sure she's on the way.

19. Tsāu lǎi gā lā! Kǒei tǒong bèen-gāw lǎi?	Here she is! Who's with her?
20. Dōei m̌-jūe. Ngǎw hó chěe dō.	I'm so sorry I'm late.
21. Mǒ mūn-tǎi. Ngǎw-dǎy tsìk-hùk hōei lǎu-sēong sīk fāan. Nèe-shūe lǎu-hā hó chǒ. Nèe-wāi* . . .?	It doesn't matter. Let's go upstairs right away and have a meal. It's very noisy here downstairs. This lady . . .?
22. Wǒo síu-jé. Ngǎw-dǎy chǔm-yāt yàt chǎi fàan-lǎi Sìng-gā-bàw.	Miss Woo. We came back to Singapore together yesterday.
23. Chéng chǎw, chǒei-bēen* chǎw. Gūm hó gày-wōoi kìng-gái.	Please sit down anywhere you like. Such a nice chance for a chat!

Vocabulary

1. bèen-gwōk?　what nationality?
2. Yān-dō　India.
3. Mǎ-làai yǎn　a Malay.
  Mǎ-làai wā*　Malay (language).
4. bóon-lǒi　originally.
5. yǎn-háu　population (*lit.* men-mouths).
6. yàt bāak māan　a million.
  bāak　hundred.
  māan　ten thousand.
7. tsēe-gáy　self, own.
8. tsó-gà　home-land, ancestral home.
9. gwōk-gà　nation, one's own country.
10. hó chěe　just as, very like.
11. gāu-tsūn-sěe　formerly, in the old days.
12. Àu-jàu　Europe.
13. háw-yěe　can, be able to.
14. dòng-yěen　of course, certainly.

15. gòong-yǎn   servant, workman.
16. dùk   to get, obtain; see Lesson 4.
17. sèe-gày   a driver, chauffeur.
18. fà-wǒng   gardener (*lit.* flower king).
19. yěe-ché   moreover, besides.
20. yǎn-gòong   wages.
21. tsō sái-sàam   to be a wash-amah (*lit.* do wash clothes).
22. gàai-sěe   market (*lit.* street market).
23. Yāt-bóon   Japan (*lit.* sun origin).
    Yāt-bóon yǎn   a Japanese.
    Yāt-bóon wā*   Japanese language.
24. jóong   kind, sort.
25. chěe   late.
26. -gán   a suffix to verbs to indicate present continuous tense.
27. mǒ mūn-tǎi   it's no problem, it doesn't matter.
    mūn-tǎi   problem, question.
28. tsìk-hùk   immediately.
29. chǒ   noisy.
30. Wǒo   a surname.
31. yàt-chǎi   together, at the same time.
32. chǒei-bēen*   as you please.
33. gày-wōoi   opportunity.
34. kìng-gái   to have a chat, gossip.

Notes

1. Sentence 1. We have had many examples of 'bèen-' as a question prefix, e.g.

bèen-gāw   who?
bèen-wāi*?   who? (polite)
bèen-shūe   where?
bèen-dō?   where?

and 'bèen-' plus classifier meaning which one?, viz.

bèen-gàan?	which one (building, room)
bèen-tǐu?	which one? (road, street)
bèen-gā?	which one? (car, etc.)

In 'bèen-gwōk?' meaning 'which or what nationality?' we have an idiom since 'gwōk' normally takes the general classifier 'gāw'.

2. Sentences 2 and 3. Note the adjectival use of the verbs 'sitting' and 'living' coming before the nouns which they qualify. The verb 'jūe', to dwell, stay, can be used before or after the place where the staying is done and can also dispense with the preposition 'hái' (at, in).

3. Sentence 4. The term 'Tǒng-yǎn' for Chinese (person) is old-fashioned but its use in Singapore and Malaysia is common. So too are the other compounds with 'Tǒng', namely:

Tǒng-sàan	China
Tǒng-wā*	Chinese language
Tǒng-tsēe	Chinese characters

4. Sentence 13. 'Dùk' is here used as a main verb and has the meaning of 'have only'. The sense of 'only' is reinforced by the final particle 'jè'.

5. Sentence 18. The verb suffix '-gán' conveys the sense of a present continuous or past continuous (depending on context) tense and thus bears a similarity to the English verb ending '-ing' as in 'is coming' or 'was coming', never, of course, in the future tense as in English 'he is coming tomorrow'.

Drill

I. 'dàw-sō'—most, the majority; mostly, usually. 'síu-sō'—the minority.

   1. Dàw-sō hāi Jòong-gwōk yǎn, síu-sō hāi Sài-yǎn.
   2. Dàw-sō chǎw fày-gày lǎi.
   3. Ngǎw dàw-sō fàan òok-káy sīk ān-jāu.
   4. Kǒei dàw-sō chǎw bà-sée fàan-gòong.
   5. Dèe hōk-sàang dàw-sō jòong-yēe dōok-shùe, síu-sō m̌-jòong-yēe.

II. 'hó chěe'—like, as if, just as, probably.

   1. Mǐng-hìng hó chěe kǒei-gē fōo-chùn.
   2. Hó chěe wǒoi lōk yǔe.   (It looks like rain.)
   3. Hó chěe gāu-tsūn-sěe yàt yēong*.   (Just like old times.)
   4. Hó chěe hāi Wǒng sèen-sàang.
   5. Nèe-gēen sàam hó chěe gáw-gēen.

III. 'háw-yěe'—can, may, possible.

   1. Kǒei-dāy m̌-háw-yěe lǎi nèe-shūe.
   2. Yǔe-gwáw nǎy yǎu chěen* nǎy háw-yěe hōei Yāt-bóon.
   3. Háw m̌-háw-yěe chǎw nèe-shūe?   Háw-yěe.
   4. Háw-yěe m̌-háw-yěe hōei Yān-dō?   Dòng-yěen háw-yěe.
   5. Wǒng síu-jé m̌-háw-yěe lǎi, kǒei m̌-dùk-hǎan.

IV. 'dùk . . . jè'—to have only.

   1. Kǒei dùk yàt gāw tsái jè.
   2. Ngǎw dùk yàt gāw ngǎn-chěen* jè.

3. Nǎy yǎu gáy-dàw gāw gòong-yǎn? Dùk yàt gāw jè.
4. Dùk sàam mùn jè.
5. Wǒng sèen-sàang dùk yàt gāw hōk-sàang jè.

V. '-gán', similar to English ending '-ing'.

1. Kǒei yěe-gà lǎi-gán.
2. Kǒei dōok-gán shùe.
3. Kǒei sīk-gán fāan.
4. Chéng dá dēen-wā* báy kǒei. Kǒei góng-gán.
5. Kǒei tái-gán shùe.

VI. 'yàt chǎi'—at the same time, together.

1. Ngǎw-dǎy yàt chǎi lǎi.
2. Kǒei-dǎy yàt chǎi hōei Yìng-gwōk.
3. Ngǎw-dǎy yàt chǎi sīk fāan, hó m̌-hó?
4. Kǒei-dǎy yàt chǎi dōok-shùe.
5. Tsōei hó ngǎw-dǎy yàt chǎi hōei wún kǒei.

More Practice

Read aloud and answer in several ways:

1. Lǎy sèen-sàang hāi bèen-gwōk yǎn?
2. Hái Sìng-gā-bàw dàw-sō hāi mèe-yě yǎn?
3. Mǎy-gwōk yǎn bóon-lǒi hái bèen-shūe lǎi?
4. Sìng-gā-bàw dèe Tǒng-yǎn hái bèen-shūe chòot-sāi?
5. Nǎy tsēe-gáy bóon-lǒi hái bèen-shūe lǎi?
6. Yāt-bóon yǎn chěe m̌-chěe Jòong-gwōk yǎn?
7. Nǎy yǎu mǒ hōei-gwāw Yān-dō?
8. Kǒei yǎu gáy-dàw gāw hōk-sàang?
9. Hái Sìng-gā-bàw yǎu gáy-dàw jóong yǎn?
10. Nǎy yǎu mǒ gày-wōoi góng Gwóng-dòong wā*?
11. Nǎy tǒng Wǒo síu-jé yàt chǎi lǎi, hāi m̌-hāi?
12. Nǎy-gē yǎn-gòong dàw m̌-dàw?

13. Wŏng síu-jé chĕe m̆-chĕe dō?
14. Gău-tsūn-sĕe dèe Sìng-gā-bàw Tŏng-yăn yău mŏ fàan hōei Jòong-gwōk?
15. Năy tsēe-gáy lăi m̆-lăi?
16. Năy-gē gòong-yăn tsō mèe-yĕ gòong?
17. Năy hōei gàai-sĕe măai mèe-yĕ?
18. Năy yīu m̆-yīu tsìk-hùk hōei gàai-sĕe?
19. Kŏei hái bèen-dō jūe?   Lău-sēong dīng-hāi lău-hā?
20. Kŏei tŏong bèen-gāw kìng-gái?
21. Sìng-gā-bàw yăn-háu gáy-dàw?
22. Àu-jàu yău gáy-dàw gwōk?
23. Bèen-gāw tsō sèe-gày?
24. Năy yău mŏ gày-wōoi hŏk Yāt-bóon wā*?
25. Hōk góng Mă-làai wā* năan m̆-năan?

WORK

1. Ngăw m̆-jòong-yēe nèe-   I don't like this job.
   fūn gòong.
2. Déem-gáai m̆-jòong-   Why don't you like it?
   yēe?
3. Yàn-wāi hó sùn-fóo.   Because it's so hard.
4. Déem-yēong* sùn-fóo?   In what way is it hard?
5. Ngăw yīu hó tsó fàan-   I've got to go to work very
   gòong—lōok déem   early—six o'clock.
   jòong.
6. Gūm tsó? Năy yīu hó   So early? You have to get
   tsó háy-sùn.   up very early.
7. Hāi. Ngăw tsìu-tsìu sāy   I get up every morning at
   déem bōon háy-sùn. Nğ-   half past four. I have to
   déem bōon yīu gwāw   cross the harbour at half
   hóy. Yĕe-ché yăn-gòong   past five. And what's more
   hó síu.   the wage is very poor.
8. Năy sāi-ló tsō mèe-yĕ   What's your younger brother
   gòong?   doing?
9. Kŏei dò hāi dá gòong,   He's also a wage-earner, he's
   kŏei tsō fáw-gāy. Ngăw   a shop assistant. My elder
   dāai-ló tsō gíng-chāat.   brother is a policeman.
10. Tsō gíng-chāat dò gáy   Being a policeman is quite
    sùn-fóo.   a hard job.
11. Kŏei m̆-sùn-fóo, kŏei   He's all right, he's a police
    hāi gíng-gwòon.   officer.
12. Kŏei hó chòong-mĭng.   He's very clever.

13. M̌-hāi gáy chòong-
mǐng, dāan-hāi kǒei hó
kǔn-līk. Ngǎw hó lǎan.
Pǐng Òn Gòong-Sèe
bèen-gāw tsō lǒ-báan?

Not very but he works
hard. I'm very lazy. Who's
the proprietor of Ping On
Company?

14. Lǔm Wāi-fòong. Déem-
gáai?

Lum Wai-foong. Why?

15. Nǎy sìk kǒei mā? Nǎy
bòng ngǎw hái Pǐng Òn
Gòong-sèe wún fūn
gòong tsō, hó mā?

Do you know him? Can
you help me to find a job
in Ping On's?

16. Nǎy yīu ngǎw gāai-sìu
nǎy báy Lǔm Wāi-
fòong, hāi mā? Ngǎw
tǒong Lǔm sèen-sàang
m̌-hāi gáy sōok. Nǎy
hāi m̌-hāi séong tsō
fáw-gāy?

Do you want me to intro-
duce you to Lum Wai-
foong? I'm not very fami-
liar with Mr. Lum. Do you
want to be a shop-assistant?

17. M̌-hāi, ngǎw háw-yěe
tsō dá-tsèe wāak bāy-
shùe. M̌-gòy nǎy gāai-
sìu ngǎw.

No, I could be a typist or a
secretary. Please introduce
me.

18. Hó là. Ngǎw hày-mōng
nǎy wún-dó gòong-
tsōk. Ngǎw tèng-wā
Pǐng Òn yěe-gà chéng
yǎn. Sàang-yèe hó-gē.
Kǒei-dāy yǎu sàam
gàan gòong-chóng.
Mǒoi yàt gàan chéng
chèen gáy yǎn.

All right. I hope you'll
find a job. I hear that Ping
On are taking on men.
Business is very good. They
have three factories. Each
one employs more than a
thousand people.

19. Dèe gòong-yǎn yǎu mǒ
gòong-wōoi*?

Have the workers a union?

20. Yǎu, dàw-sō hāi wōoi-
yǔen*.

Yes, most of the workers
are members.

21. Yǎu mǒ gā-kǎy?   Any holidays?
22. Yǎu, mǒoi gāw lǎi-bāai   Yes, one day a week. And
    fōng yàt yāt gā. Yǎn-   the wages are quite good.
    gòong dò gáy hó.
23. Nǎy háw m̀-háw-yěe   Can you give me the letter
    tìng-yāt báy fòong gāai-   of introduction tomorrow?
    sīu sūhn ngǎw?
24. Dùk là. Ngǎw tìng-yāt   Yes, I will. I'll write one
    tǒong nǎy sé. M̀-gòy   for you tomorrow. Please
    báy-fàan gáw-gā dá-   give me back that typewriter.
    tsēe-gày ngǎw.
25. Dōei m̀-jūe, ngǎw m̀-   I'm sorry, I forgot to give it
    gāy-dùk báy-fàan nǎy.   back. I can type quite fast
    Ngǎw yěe-gà dá-tsēe,   now.
    dá-dùk gáy fāai.
26. Ngǎw yīu fāai-dèe fàan   I must go home right away.
    òok-káy. Ngǎw fōo-mǒ   My parents don't allow me
    m̀-báy ngǎw gūm yě   to stay so late in restaurants.
    hái tsáu-gà yúm chǎ.
27. Ngǎw dò yīu tsáu là.   I'll have to go too.

Vocabulary

1. fūn   classifier for job, work.
2. sùn-fóo   arduous, unpleasant.
3. háy-sùn   to get up (*lit.* raise body).
4. gwāw hóy   to cross the sea or harbour.
5. dá gòong   to work as an employee (*lit.* strike work).
6. gíng-chāat   policeman, alternative, especially in Hong
   Kong—chàai-yǎn.
7. gíng-gwòon   police officer, gwòon an officer, official.
8. kǔn-līk   diligent, hard-working.
9. lǎan   lazy.
10. lǒ-báan   proprietor.
11. bòng   to help, other forms: bòng-tsāw, bòng-sáu.

12. gāai-sīu   to introduce.

13. sōok   familiar.

14. gòong-tsōk   work, job, alternative—gòong-fòo.

15. chéng   to employ, engage.

16. gòong-chóng   factory, classifier 'gàan'.

17. mŏoi   each, every.

18. gòong-wōoi*   trade union.

19. wōoi-yŭen*   member of a society.

20. gā-kăy   holidays, time off.

21. báy-fàan   to give back, return.

22. dá-tsēe-gày   typewriter (*lit.* strike character machine).

23. báy   to allow, permit another meaning of 'báy' to give.

Notes

1. Sentence 7. Here 'gwāw' is used as a main verb meaning to cross. We have had it as a subsidiary in 'hăang gwāw lō' —to walk across the road, and also in 'gwāw-tău' (across head) used with adjectives and adverbs to make 'too'. In Hong Kong 'gwāw hóy' usually means to cross the harbour between Kowloon and the Island. It is sometimes used of crossing a wide river.

2. Sentence 9. 'Dá gòong', literally meaning 'strike work' is to work as a wage-earner, usually unskilled. It is difficult to explain the origin of this idiom except as a person employed to do hard work requiring hammering or digging.

3. Sentences 9, 10, etc. In this Lesson there are examples of the verb 'tsō', to do or make, used where in English we would use the verb to be. The verb 'hāi' can, of course, also be used in the sentence 'he is a policeman' but by using 'tsō' we refer more to the work the man does than to the man himself. 'Tsō' can be used of all occupations and professions—teachers, doctors, shop-assistants, gardeners, etc.

4. Sentence 11. The word 'gwòon' means a government official of any kind but usually of a fairly high rank. This is the Chinese word for Mandarin (not a Chinese word), the scholarly officials of the Empire before the Chinese Republic was established on January 1st, 1912.

5. Sentence 13. The word 'lŏ-báan' meaning boss, proprietor, is an example of borrowing from Kuo-yu (National Language, i.e. Mandarin). Quite a number of such loans or influences are to be found in modern Cantonese.

6. Sentence 16. The verb 'to introduce'—'gāai-sĭu'—must be followed—after its direct object—by 'báy', to give, taking the exact place of the English 'to'. 'I'll introduce you to him'—'ngăw gāai-sĭu năy báy kŏei'.

7. Sentence 17. To engage or to employ are rendered by 'chéng' the same word as 'to invite'.

8. Sentence 17. When numbers are large, thousands, ten thousands, etc., they do not take a classifier. Here we have 'chèen gáy yăn'—over a thousand people. One hundred— 'yàt bāak'—sometimes takes a classifier and sometimes not, both forms being right; 'yàt bāak yăn', 'yàt bāak gāw yăn'.

9. Sentence 21. A holiday, to have a holiday is 'fōng gā' (*lit.* 'release holiday'). When we indicate the length of the holiday the two words are, quite logically, split by the period in question, thus:

fōng yàt gāw lăi-bāai gā	to have one week's holiday
fōng yàt yāt gā	to have one day's holiday

Drill

I. All to do with work.

1. Năy tsō̄ mèe-yĕ gòong?
2. Ngăw tsō̄ yèe-sàang.
3. Tsō̄ yèe-sàang sùn m̆-sùn-fóo?
4. M̆-hāi gáy sùn-fóo.
5. Kŏei hó kŭn-līk tsō̄ gòong.
6. M̆-hāi, kŏei hó lăan tsō̄.
7. Ngăw m̆-dá gòong, ngăw tsō̄ lŏ-báan.
8. Năy hāi m̆-hāi gòong-wō̄oi* wō̄oi-yŭen*?
9. Năy yău mŏ gòong tsōk?
10. Ngăw yău gòong-fòo dāan-hāi yăn-gòong síu.
11. Ngăw gáu déem fàan gòong, ňg déem fōng gòong.
12. Kŏei hái gòong-chóng tsō̄ gòong.
13. Wŏng sèen-sàang chéng gòong-yăn.
14. Hái Gáu-lŏong yău hó dàw gòong-chóng.
15. Tsō̄ fáw-gāy m̆-hāi gáy sùn-fóo.

II. Early in the morning.

1. Ngăw gùm-tsìu hó tsó háy-sùn.
2. Tsìu-tsó hó lĕong-sóng.
3. Ngăw tsìu-tsìu chàt déem háy-sùn.
4. Năy yīu tsó-dèe háy-sùn.
5. Chŭm-yāt tsìu lōk hó dāai yŭe.
6. Tìng-tsìu tsó ngăw chăw fày-gày hōei Yìng-gwōk.
7. Năy hó tsó sīk tsó chàan (breakfast).
8. Ngăw yīu hó tsó fàan gòong.
9. Kŏei tsìu-tsìu gáu déem fàan hōk (returns to school).
10. Năy yīu tsó-dèe hōei măai yĕ.

III. 'gāai-sīu . . . báy'—to introduce.

1. Ḿ-gòy năy gāai-sīu ngăw báy Wŏng síu-jé.
2. Ngăw háw-yĕe gāai-sīu năy báy kŏei.
3. Ngăw ḿ-háw-yĕe gāai-sīu năy báy kŏei, ngăw ḿ-sìk kŏei.
4. Ngăw tŏong năy sé yàt fòong gāai-sīu sūhn.
5. Ngăw gāai-sīu kŏei báy gāw lŏ-báan.

IV. 'mŏoi'—each, every.

1. Mŏoi gāw hōk-sàang sìk góng Gwóng-dòong wā*.
2. Kŏei mŏoi nĕen hōei Sìng-gā-bàw.
3. Ngăw mŏoi gāw lăi-bāai hōei tái-hāy yàt chēe.
4. Mŏoi gàan pō-táu yău gáy gāw fáw-gāy.
5. Mŏoi gàan òok hāi kŏei-gē.

V. 'fōng-gā'—holidays.

1. Năy gùm-nĕen fōng ḿ-fōng-gā?
2. Dòng-yĕen là! Ngăw-dāy fōng sàam gāw lăi-bāai gā.
3. Năy fōng gáy-dàw yāt gā? Ngăw fōng sūp-sāy yāt gā.
4. Kŏei fōng sàam gāw yūet gā.
5. Kŏei hó nōy dò mŏ fōng-gā.

VI. Uses of 'báy' to give.

(a) Original meaning, to give.

1. Ngăw báy nèe-dèe chĕen* năy.
2. Kŏei báy nèe-bō shùe ngăw.
3. Báy ngăw là! (Give it to me.)
4. Kŏei báy-jáw gēen sàam Ā Yìng.
5. Ngăw ḿ-háw yĕe báy chĕen* năy.

(b) 'báy-fàan'—to give back.

    1. Báy-fàan ngăw là!

    2. Tìng-yāt báy-fàan gáw-bō shùe ngăw.

    3. Kŏei m̌-séong báy-fàan dèe chĕen* ngăw.

    4. M̌-gòy báy-fàan ngăw jèe bùt ngăw.

    5. Fāai-dèe báy-fàan sūp mùn ngăw.

(c) To allow.

    1. Lŏ-báan m̌-báy ngăw-dāy hōei.

    2. Kŏei báy m̌-báy ngăw-dāy tsō? Báy.

    3. Kŏei m̌-báy ngăw chòot-gàai.

    4. Sèen-sàang m̌-báy ngăw tái nèe-bóon shùe.

    5. Ngăw fōo-mŏ m̌-báy ngăw yúm tsáu.

(d) As the preposition 'to'.

    1. Ngăw gāai-sīu năy báy kŏei.

    2. Kŏei dá dēen-wā* báy ngăw.

    3. Ngăw sé nèe-fòong sūhn báy năy.

    4. Ngăw sōong nèe-dèe fà báy Wŏng tāai-tāai*.

    5. Nìng bòoi chă báy kŏei.

(e) As part of the phrase 'to tell'.

    1. Ngăw góng báy năy tèng.

    2. Kŏei wā báy ngăw jèe.

    3. Bèen-gāw góng báy năy tèng?

    4. Wŏng sèen-sàang góng báy ngăw tèng.

    5. Chéng năy góng báy ngăw jèe.

More Practice

Read aloud and answer the following in several ways:

    1. Năy wā năy-gē gòong-tsōk sùn-fóo; déem yēong* sùn-fóo?

    2. Năy déem-gáai gūm tsó háy-sùn?

    3. Gáw-gāw hōk-sàang chòong-mǐng mā?

4. Dèe sāi-mùn-tsái lăan m̄-lăan nè?
5. Déem-gáai năy gūm kŭn-līk tsō̄ gòong?
6. Năy tsìu-tsó gáy-déem fàan-gòong?
7. Năy fōng gáy-nōy gā?
8. Năy gāy-dùk m̄-gāy-dùk bèen-gāw tsō̄ Pĭng Òn Gòong-sèe lŏ-báan?
9. Lŏ-báan báy m̄-báy năy fōng gòong?
10. Năy hày-mōng m̄-hày-mōng hōei Jòong-gwōk?
11. Năy yău mŏ gày-wōoi góng Jòong-gwōk wā*.
12. Năy háw m̄-háw-yĕe bòng ngăw wún gòong tsō̄?
13. Nèe-gàan gòong-chóng chéng m̄-chéng yăn?
14. Năy hāi m̄-hāi mŏoi gāw lăi-bāai fōng-gā?
15. Tsō̄ gíng-gwòon hó m̄-hó?
16. Tsō̄ fáw-gāy yàt gāw yūet yău gáy-dàw yăn-gòong?
17. Năy fōo-mŏ báy m̄-báy năy chòot-gàai?
18. Gáw-gā dá-tsēe-gày hāi bèen-gāw-gē?
19. Kŏei gāai-sīu năy báy bèen-gāw?
20. Ngăw bòng năy tsō̄, hó m̄-hó?
21. Năy jòong-yēe tsō̄ bāy-shùe dĭng-hāi fáw-gāy?
22. Năy gùm-nĕen hái bèen-shūe fōng-gā?
23. Năy-gē yăn-gòong gāu m̄-gāu?
24. Năy déem-gáai gūm tsó fàan òok-káy?
25. Năy tŏong Hăw tāai-tāai* sōok m̄-sōok?

GOING FOR A WALK

1. Gùm-yāt sìng-kǎy lōok, năy séong tsō mèe-yě?

   It's Saturday today; what would you like to do?

2. M̌-ngàam ngăw-dāy hōei yǎu sóei? Hōei Chéen-sóei Wàan hó m̌-hó?

   Why don't we go for a swim? Repulse Bay?

3. Yěe-gà yēet gwāw-tǎu. Chéen-sóei Wàan yǎn tāai dàw. Tsōei hó ngăw-dāy dáng dō ňg déem jòong hōei hǎang gàai.

   It's too hot just now. And there are too many people at Repulse Bay. We'd best wait till five o'clock and then go for a walk.

4. Hōei bèen-shūe hǎang gàai?

   Where shall we go for a walk?

5. M̌-ngàam ngăw-dāy hōei Sàan-déng hǎang-há? Gáw-dō hó lēng.

   How about The Peak? It's very pretty.

6. Hó là... Ngăw-dāy chǎw bà-sée hōei Tsèem-sà-tsóei mǎ-tǎu. Gwāw-jáw hóy tsǎu chǎw lāam-chè sěong sàan....

   All right. We'll take a bus to Tsimshatsui pier. After we've crossed the harbour we'll take the Peak Tram up the mountain....

7. ...Jùn hāi hó tái; Fày-sěong lēng! Năy tái-hǎ, yǎu gūm dàw fáw-shǔen, gūm dàw shǔen-tsái.

   What a wonderful sight! It's beautiful! Look over there, so many steamers and little boats.

8. Gáw-bēen năy tái m̀-
   tái-gēen fày-gày chěong?

Can you see the airport over there?

9. Ngăw tái m̀-gēen. Hái
   bèen-dō ā?

No I can't. Where is it?

10. Hái gáw-bēen. Năy tái-
    dó mā?

Over there. Can you see it?

11. Ngăw yěe-gà tái-gēen.
    Ngàam-ngàam dōei-
    mēen. Hā-bēen dèe òok
    hó chěe fáw-chǎi hūp.

I can see it now. It's exactly opposite. The houses down there look like match-boxes.

12. Sūt-tsōy yǎu hó dàw
    yēe-sūp chǎng-gē gūm
    gò. Nèe-tǐu lō-tsái hó
    jāak.

As a matter of fact many are twenty storeys high. This little road is very narrow.

13. Gāu fōot là. Chè m̀-jún
    hǎang.

It's wide enough. Cars are not allowed.

14. Nèe-shūe hó jǐng. Hā-
    bēen hó chǒ.

It's very quiet here and very noisy below.

15. Ngăw jōong tèng-gēen
    hā-bēen dèe chè bùt-
    gwāw hó sāi sèng.

I can still hear the cars below but it's a little sound.

16. Ngăw dò tèng-dùk-dó.
    M̀-hāi gáy dāai sèng.
    Nèe-pàw shūe dèe fà
    hó lēng.

I can hear them too. It's not a loud noise. The flowers on this tree are very pretty.

17. Jùn hāi hó tái. Dèe fà
    hó hèong tèem.

Yes, beautiful. And they're sweet-smelling too.

18. Yěe-gà lōok déem lěng
    jòong, hó lěong-sóng.
    Năy gwōoi m̀-gwōoi?

It's after six and it's very cool. Are you tired?

19. Sòei-yěen ngăw gūm lǒ
    dāan-hāi ngăw m̀-
    gwōoi.

Although I'm so old, I'm not tired.

20. Lǒ? M̀-hāi, năy hó hǎu-
    sàang.

Old? No, you're a young man!

21. Lāam-chè jāam lăy nèe-
    shūe yŭen m̀-yŭen?

    Is the Peak Tram Station
    far from here?

22. Mŏ gáy yŭen. Jōong
    yău sàam gāw tsēe tsāu
    dō là. Ngăw-dāy hó
    fāai lōk sàan.

    Not very far. Another fifteen
    minutes and we'll be there.
    We'll soon be down the
    mountain.

23. Ngăw-dāy chàt déem
    jēe fàan òok-káy.

    We won't be home till
    seven o'clock.

Vocabulary

1. sìng-kăy lōok Saturday; alternative to 'lăi-bāai lōok'.
2. m̀-ngàam? why not? (*lit.* not right?).
3. yău sóei to swim (*lit.* travel water).
4. hăang gàai to walk, go for a walk (*lit.* walk street).
5. Tsèem-sà-tsóei part of Kowloon (*lit.* pointed sand mouth).
6. mă-tău pier, wharf.
7. lāam-chè funicular railway, the Peak Tram in Hong Kong (*lit.* cable car).
8. sĕong to go up, ascend.
9. hó tái beautiful, pretty (*lit.* good to see).
10. fày sĕong extremely, unusually (*lit.* not common). 'Fày' is a literary term for the negative 'm̀'. Cf. 'pĭng-sĕong' in Lesson 8.
11. fáw-shŭen steam-ship (*lit.* 'fire ship').
12. fày-gày chĕong airport. 'Fày-gày' aeroplane. 'chĕong' yard, place, open piece of ground.
13. dōei-mēen opposite.
14. fáw-chăi matches (*lit.* fire wood).
15. hūp a small box.
16. sūt-tsōy as a matter of fact.
17. jāak narrow.
18. fōot wide.

19. jún   to permit.
     'm̄-jún'   forbidden.
20. jĭng   quiet.
21. tèng-gēen   to hear. Cf. Lesson 3.
22. sèng   a sound.
23. pàw   classifier for trees.
24. shūe   a tree.
25. sòei-yĕen   although.
26. hāu-sàang   young, a youth (*lit.* 'after born') in contrast to 'sèen-sàang'—'before born'.
27. jāam   a station—for any kind of vehicle.
28. lōk   to go down, descend, get off (a vehicle).
29. jēe   to, until.

Notes

1. Sentence 3. 'Until' or 'till' are rendered by 'dō' meaning to reach or arrive at. The time expression 'from . . . to . . .' e.g. 'from one o'clock to two' uses 'dō', usually with the additional word 'jēe' also meaning 'till' or 'to'. There is no need in Chinese for an equivalent of the word 'from'. Thus:

yàt déem jòong jēe dō lĕong déem   from one o'clock to two.
lăi-bāai yēe jēe dō lăi-bāai lōk   from Tuesday to Saturday.

To render 'till' in a negative sentence, e.g. 'I shall not come until Thursday' the word 'jēe' is placed after the time word and before the verb, thus:

Ngăw lăi-bāai sāy jēe lăi   I'm not coming till Thursday.

This is literally 'I Thursday till come', quite a neat way of putting it and reminiscent of the English 'It'll be Thursday before I come'. There is an example of this form in Sentence 23.

2. Sentence 3. To go for a walk is usually rendered by 'hǎang gàai', literally 'walk street'. To go for a walk in the hills is 'hǎang sàan'. To walk in the sense of to go on foot is 'hǎang lō', to 'walk road'. In Sentence 5 we have 'hǎang-hǎ' the suffix being mainly for euphony but also conveying the sense of casualness.

3. Sentence 19. Usually Chinese is more economical of words than English but here we find 'sòei-yěen' (although) followed by the balancing clause introduced by 'dāan-hāi' (but) which would be quite redundant in English.

4. Sentence 22. Note that the word 'fāai' meaning fast is frequently used to mean soon.

5. Sentence 18. To render past the hour in a general way when giving the time we use 'lěng', the same word as nil which is usually pronounced 'lǐng'. Thus:

ǎg déem lěng jòong	it's after five.
bāat déem lěng	it's gone eight.

Drill

I. m̌-ngàam . . .? why not?

1. M̌-ngàam ngǎw-dǎy hōei tái hāy?
2. M̌-ngàam sīk fāan sèen? (Let's eat first.)
3. M̌-ngàam ngǎw-dǎy hǎang-gàai?
4. M̌-ngàam jēok nèe-gēen sàam?
5. M̌-ngàam chǎw dìk-sée hōei?

II. tái-hǎ—look!; 'tái' and 'tèng' plus '-gēen'; looking and hearing.

1. Tái-hǎ! Dèe sàan gūm gò!
2. Ngǎw tái m̌-gēen ngǎw-gē tsái.

3. Kŏei m̀-tái-gēen ngăw.
4. Ngăw tèng-gēen hó dāai sèng.
5. Ngăw tèng m̀-gēen kŏei góng.
6. Năy tèng-hă là!
7. Kŏei góng gūm sāi sèng, ngăw tèng m̀-gēen.
8. Hó hùk!   Ngăw tái m̀-gēen.
9. Tái-hă dèe fà gūm lēng!
10. Ngăw mŏ tèng-gēen kŏei lăi.

III. 'jún' and 'báy'—to allow.

1. M̀-jún yāp-lăi.
2. Ngăw fōo-chùn m̀-báy ngăw hōei.
3. Jún m̀-jún sĭk yèen?   M̀-jún.
4. Chè m̀-jún hăang yāu-bēen.
5. M̀-jún tsō nèe-dèe.
6. Kŏei m̀-báy sāi-mùn-tsái hōei.
7. M̀-jún hòy nèe-dō mŏon.
8. Gíng-chāat m̀-jún ngăw-dăy yāp-lăi.
9. M̀-jún hăang-dùk gūm fāai.
10. Nèe-shūe m̀-jún măai yé.

IV. 'dō' or 'jēe dō'—to.

1. Yàt déem jēe dō lĕong déem m̀-hòy.
2. Fōng gáy-nŏy gā?   Sūp hō dō yēe-sūp hō,
   tsìk hāi sūp yāt.
3. Yàt gáu ̣ ŋg sàam nĕen dō yàt gáu ŋg ŋg nĕen
   ngăw hái Yāt-bóon.
4. Yàt déem dō lĕong déem ngăw-dăy sĭk ān-jāu.
5. Chàt yūet jēe dō gáu yūet m̀-hōei hŏk-hāau
   dōok-shùe.

'dō'—to reach, arrive at.

1. Kŏei gáy-sĕe dō Hèong Góng? Kŏei tìng-yāt dō.
2. Fáw-chè dō-jáw là!
3. Gáw-jēk shŭen dō-jáw mãy? Mãy dō.
4. Ngăw yĕe-wăi kŏei tìng-yāt dō.
5. Gā hāy-chè ngàam ngàam dō-jáw.

V. 'jēe'—not until.

1. Kŏei tìng-yāt jēe lăi. (He's not coming till to-morrow.)
2. Dáng dō tìng-yāt jēe hōei.
3. Kŏei sāy déem jēe lăi.
4. Ngăw dáng kŏei làı jēe sīk fāan. (I won't have my meal till she comes.)
5. Kŏei hā-gāw yūet jēe lăi.
6. Lăy sèen-sàang chòot-nĕen jēe lăi.
7. Ngăw dáng dō yău chĕen* jēe hōei Yìng-gwōk.
8. Kŏei lăi-bāai ňg jēe lăi.
9. Dáng kŏei lăi jēe hōei.
10. Kŏei chŭm-măan sūp-yàt déem jēe fàan òok-káy.

VI. 'dōei-mēen'—opposite, and other direction words.

1. Hái bèen-shūe jũe? Hái dāai-hŏk dōei-mēen.
2. Sēong-hóy ngăn-hŏng dōei-mēen yău yàt gāw fà-yŭen*.
3. Ngăw gàan òok dōei-mēen yău gáy gàan pō-tău*.
4. Hōk-hāau hău-bēen yău dá-bàw chĕong. (play-ing-field.)
5. Hāy-yūen* chĕen-bēen mŏ dãy-fòng pàk chè. ('pàk'—to park.)
6. Hái sàan sēong-bēen yău hó dàw shūe.
7. Hái tŏy hā-bēen yău yàt hūp fáw-chăi.

8. Hāu-bēen yǎu hó dàw shǔen-tsái.
9. Ngàam-ngàam dōei-mēen yǎu yàt gàan tsáu-dēem.
10. Tsáu-dēem dōei-mēen yǎu hó dàw pō-tǎu*.

VII. 'lěng'—over, plus, a bit more than.

1. Yěe-gà sūp déem lěng jòong.
2. Ngǎw sěe-sěe ňg déem lěng jòong fōng gòong.
3. Ngǎw chàt déem lěng jòong sīk fāan.
4. Sūp lěng mùn, sàam-sūp lěng mùn, yàt bāak lěng mùn.

More Practice

Read aloud and answer the following in several ways:

1. Nǎy jòong-yēe yǎu sóei dīng-hāi hǎang-gàai?
2. Nǎy chǎw mèe-yě chè sěong sàan?
3. Sàan-déng hó m̌-hó tái?
4. Kǒei góng, góng-dùk hó dǎai sèng, hāi m̌-hāi?
5. M̌-hó chǒ! Nǎy jòong-yēe chǒ mā?
6. Nèe-shūe hó jīng; déem-gáai?
7. Nèe-shūe chè jún m̌-jún hǎang?
8. Nǎy-gē mǒ-chùn báy m̌-báy nǎy hōei tái hāy?
9. Nǎy chǔm-mǎan sūp-yàt déem jēe fàan, hāi m̌-hāi?
10. Nèe-tǐu lō gāu m̌-gāu fōot?
11. Gáw-tǐu lō hó jāak; chè hǎang-dùk m̌-hǎang-dùk?
12. Ngǎw yīu sīk-yèen; nǎy yǎu mǒ fáw-chǎi?
13. Sìng-kǎy yàt nǎy fàan-m̌-fàan gòong?
14. Nǎy yěe-gà fōng-gā; fōng dō gáy-sěe?
15. Fày-gày chěong hái bèen-dō?
16. Ngǎw hái fáw-chè jāam gēen nǎy, hó m̌-hó?
17. Sěong sàan dīng-hāi lōk sàan sùn-fóo?
18. Kǒei bāat-sūp sōei. Nǎy wǎ kǒei lǒ dīng hāu-sàang?

19. Năy déem-yēong* sĕong sàan?
20. Fày-gày gáy-sĕe dō Gwóng-jàu?
21. M̌-ngàam ngăw-dǎy hōei yău sóei?
22. Năy yău mŏ chăw fáw-shŭen lăi Hèong Góng?
23. Sūt-tsōy kŏei hó lŏ; năy wā kŏei gáy-dàw sōei?
24. Yàt hūp fáw-chăi gáy-dàw chĕen*?
25. Năy chăw mèe-yĕ chè lōk sàan?

A TRAIN JOURNEY

1. Hōei Gwóng-jàu fáw-
   chè gáy-déem hòy-
   chǐng?

   What time does the train to
   Canton start?

2. Gáu déem bōon. Jōong
   yǎu hó dàw sěe-hāu.
   Nǎy mǎai-jáw fày mǎy?

   Half past nine. There's still
   plenty of time. Have you
   bought the tickets yet?

3. Mǎy. Ngǎw-dǎy chǎw
   tǎu-dáng dīng-hāi yēe-
   dáng?

   Not yet. Shall we travel first
   or second class?

4. Yēe-dáng hó. Yāu shùe-
   fōok yāu pěng-dèe . . .
   M̌-gòy báy lěong jèong
   yēe-dáng pīu.

   Second class is all right. It's
   comfortable and cheaper
   too. . . . Please give me two
   second class tickets.

5. Hōei bèen-shūe?

   Where to?

6. Dōei m̌-jūe, ngǎw hó
   chún. Ngǎw-dǎy hōei
   Gwóng-jàu . . . M̌-gòy.

   I'm sorry. I'm stupid. We're
   going to Canton. . . . Thank
   you.

7. Fāai-dèe sěong chè! Yàt
   tsūn tsǎu hòy. Hái fáw-
   chè jāam yǎu gūm dàw
   yǎn sōong pǎang-yǎu,
   hó nǎan sěong chè.

   Hurry! Get on board! It'll
   be off in a moment! There's
   so many people in the
   station seeing friends off it's
   difficult to board the train.

8. Yǎu mǒ wāi*? Ā, nèe-
   shūe yǎu lěong gāw
   wāi*. Fāai-dèe chǎw là.

   Any seats? . . . Ah, here's
   two. Sit down quickly!

9. Nèe-gā chè hó gòn-tsēng.
   Hāi m̌-hāi sùn-gē?

   This train's very clean. Is it
   new?

10. Ngăw núm m̆-hăi. Dò m̆-hăi sūp-fùn gāu . . . Gáw tǐu chùen hó lēng. Năy tái-hă gūm dàw āap.

I don't think so. But it's not all that old. . . . That's a pretty village. Look! What a lot of ducks!

11. Sóei-ngăw tŏong-măai jùe dò yău.

And there are water-buffa-loes and pigs too.

12. Gwāw-jáw nèe-tǐu hăw-tsái tsāu hāi Sùm-tsūn. . . . Ā, tǐng chè là. Hó dàw yăn lōk chè.

Across this little river is Sum-tsun. . . . The train's stopped. Lots of people are getting off.

13. . . . Nèe-tǐu hăw hó fŏot.

. . . This is a very wide river.

14. Nèe-tǐu hāi Dòong Gòng. Nèe-shūe hāi Sēk-lŏong. Fáw-chè yīu gwāw kǐu. Gwóng-jàuu lăy nèe-dō chà-m̆-dàw sāy-sūp Yìng-lăy.

It's the East River. Here's Sheklung. The train's got to cross the bridge. Canton's about forty miles from here.

15. Năy wā năy máy hōei-gwāw Gwóng-jàu?

Did you say you've never been to Canton?

16. Ngăw sāi-ló-gàw-gē sĕe-hāu hōei-gwāw yàt chēe. Năy yău mŏ fáw-chăi?

When I was a boy I went once. Have you any matches?

17. Mŏ, dāan-hāi yău dá-fáw-gày. Chéng sīk-yèen; ngăw yĕe-gà m̆-sīk.

No, but I've got a lighter. I'm not smoking but please do.

18. Háy-sáu lōk-yŭe.

It's beginning to rain.

19. Ngăw yĕe-wăi m̆-wŏoi hó chèe chŭm-yāt gūm dāai.

I don't think it'll be as heavy as yesterday.

20. Dò hāi gāu dāai. Hó chēe chǔm-yāt yàt yēong*. Yěe-gà tǐng chè. Tsō mèe-yě?

It's heavy enough. Just like yesterday. The train's stopped. What's going on?

21. Hāi yàt gāw hó sāi-gē fáw-chè-jāam.

It's a small station.

22. M̌-sái gáy nǒy ngǎw-dāy dō Gwóng-jàu. Ngǎw tái-gēen Bāak Wǔn Sàan. Gwóng-dòong sáang yǎu hó dàw sàan.

We'll soon be in Canton. I can see White Cloud Mountain. There are lots of mountains in Kwangtung.

23. Ngǎw-dāy tǎu-sèen gìng-gwāw Dòong Gòng. Gwóng-dòong jōong yǎu mǒ dāai hǎw?

We crossed the East River a little ago. Are there any other big rivers in Kwangtung?

24. Yǎu. Hái Gwóng-jàu yǎu Jùe Gòng. Gwóng-jàu sēong-bēen gáw tǐu gīu-tsō Sài Gòng. Hāi hó chēong. Yāu yǎu Bùk Gòng.

Yes, at Canton there's the Pearl River. Above Canton it's called the West River (Si Kiang). It's very long. And there's the North River.

25. Sài Gòng yǎu mǒ Chěong Gòng wāak Wǒng Hǎw gūm chěong?

Is the West River as long as the Yangtse or the Yellow River?

26. M̌-hāi, mǒ kǒei-dāy gūm chěong. Chěong Gòng tǒong-mǎai Wǒng Hǎw sūp-fùn chěong.

No, not so long as them. The Yangtse and the Yellow River are exceedingly long.

27. Nèe-shūe Gwóng-jàu. Dō-jáw là. Nìng lōk dèe hǎang-lǎy. . . . Hòy mǒon, lōk chè.

Here's Canton! We've arrived. Take the luggage down! . . . Open the door and get out!

Vocabulary

1. hòy-chǐng or hòy   to start (of vehicles).
2. fày   a ticket, from English 'fare'.
3. tǎu-dáng   first class (*lit.* head class or grade).
4. yēe-dáng   second class.
5. pīu   a ticket. Classifier 'jèong'.
6. chún   stupid.
7. fáw-chè jāam   railway station.
8. sōong   to see off, escort.
9. wāi*   a seat, place. Polite classifier for a person. See Lesson 1, Vocabulary 19.
10. sùn   new.
11. gāu   old (of inanimate things).
12. chùen   a village, classifier 'tǐu'.
13. āap   duck, classifier 'jēk'.
14. sóei-ngǎu   water buffalo, classifier 'jēk'.
15. jùe   a pig, classifier 'jēk'.
16. hǎw   a river, classifier 'tǐu'.
    hǎw-tsái   little river, stream.
17. Sùm-tsūn   a small town in Kwangtung Province.
18. tǐng   to stop.
19. Dòong Gòng   the East River (in Kwangtung).
20. Sēk-lǒong   a town in Kwangtung.
21. kǐu   a bridge, classifier 'dō'.
22. sāi-ló-gàw   a boy.
23. dá-fáw-gày   a lighter (*lit.* strike-fire-machine).
24. háy-sáu   to begin (*lit.* raise hand).
25. yěe-wǎi   to think, have an opinion.
26. yàt yēong*   the same.
27. Bāak Wǔn Sàan   White Cloud Mountain (near Canton).
28. sáang   a province.
29. gìng-gwāw   to cross, pass by.
30. Jùe Gòng   the Pearl River.
31. Sài Gòng   the West River or Si Kiang.

32. Bùk Gòng   North River.
33. Chěong Gòng   the Yangtze Kiang, always called the Long River by the Chinese.
34. Wǒng Hǎw   the Yellow River, the Huang Ho.
35. hǎang-lǎy   luggage.

Notes

1. Sentence 1. Note again how the adjectival words 'go to Canton' come, quite logically, before the noun they qualify.

2. Sentences 2 and 18. The word 'to begin', 'hòy chǐng', sometimes simply 'hòy' (to open) is used of vehicles and other machines. You remember that 'hòy' is also used to switch on the light—'hòy dàng'. 'Háy sáu' literally means 'raise the hand' and is used of other starting operations.

3. Sentence 7, etc. To get on to and alight from a vehicle of any kind is rendered by 'sěong'—to ascend—and 'lōk'—to descend. On the other hand to board a ship is 'lōk shǔen' and to disembark is 'sěong shǔen'.

4. Sentence 10. The Chinese have two words for 'old', one for persons—'lǒ'—and one for inanimate things—'gāu'. They cannot be used interchangeably.

5. Sentence 10. The classifier for a village is 'tǐu', used for long, narrow things like roads and snakes (also trousers). Small villages in China tend to be long and narrow, perhaps a single street.

6. Sentence 11. The water-buffalo, quite literally 'sóei-ngǎu', is the grey, big-horned animal used for ploughing the wet paddy fields of South China and all over South-east Asia.

7. Sentence 24. The Pearl River (Jùe Gòng) is really the estuary of the West River (Sài Gòng), from Canton to the sea. Hong Kong and Macao are on the eastern and western extremities of the delta. The West River is the third of China's great rivers but it is very much shorter than the two giants, the Yangtse and the Yellow River.

8. Sentence 25. Note the use of 'yǎu mǒ' in this sentence. It would also have been right to use 'hāi m̌-hāi'. But in the following sentence after saying 'm̌-hāi', it is essential to continue with 'mǒ'.

9. Sentence 27. 'Take down' is rendered quite simply by 'nìng lōk' in the same way as 'take'—'nìng hōei'—and 'bring'—'nìng lǎi'.

10. Sentence 27. You will have noticed that Chinese is sparing with 'ands'. 'Tǒong' and 'tǒong-mǎai' cannot link actions. And there is no need; 'open the door, get out!'

Drill

I. Starting and stopping.

1. Fáw-chè gáy-déem hòy-chǐng?
2. Hòy chè là!
3. Yàt tsūn bà-sée tsāu hòy.
4. Kǒei háy-sáu dōok-shùe.
5. Ngǎw háy-sáu tái nèe-bō shùe.
6. Gíng-chāat gīu nǎy tǐng chè.
7. Kǒei yǎu bēng, yīu tǐng gòong.
8. Kǒei háy-sáu góng ngǎw tsāu jèe kǒei hāi ngōy-gwōk yǎn.
9. Bà-sée mǒ tǐng, yàn-wāi mǒ wāi*.
10. Fáw-shǔen chàt déem hòy-chǐng.

II. Getting on and off, going up and down.

   1. Fāai-dèe sĕong chè là!
   2. Ngăw nèe-shūe lōk chè.
   3. Yăn tāai dàw, kŏei m̀-háw-yĕe sĕong chè.
   4. Mŏ wāi* là! Năy yīu lōk chè!
   5. Hăang lō sĕong sàan hó sùn-fóo.
   6. Gā fày-gày yĕe-gà lōk-gán.
   7. Kŏei sàam déem sĕong dō sàan-déng.
   8. Tĭng chè là! Ngăw yīu lōk chè.

III. New, old and young.

   1. Nèe-gā chè sùn-gē.
   2. Nèe-gā hó gāu, măai-jáw sūp nĕen chĕen.
   3. Wŏng sèen-sàang hó lŏ, yĕe-gìng bāat-sūp sōei.
   4. Năy m̀-hāi gáy lŏ, bùt-gwāw lōok-sūp gáy sōei.
   5. Kŏei hó hāu-sàang, sūp-gáu sōei.
   6. Nèe-gàan-òok hó gāu, háy-jáw yàt bāak nĕen.
   7. Nèe-gēen sàam sùn-gē, chŭm-yāt māai-gē.
   8. Kŏei sùn lăi-gē. (Newly come.)
   9. Nèe-gàan pō-táu sùn hòy-gē.
  10. Kŏei măai-jáw yàt gàan sùn òok.

More Practice

Read aloud and answer the following according to the Dialogue—and then in other ways.

   1. Sēk-lŏong lăy Gwóng-jàu gáy-dàw Yìng-lăy?
   2. Hái Gwóng-jàu tĭu hăw gīu-tsō mèe-yĕ mĕng*?
   3. Hōei Gwóng-jàu dèe yăn chăw mèe-yĕ dáng?
   4. Déem-gáai?
   5. Kŏei-dāy tái-gēen mèe-yĕ?
   6. Fáw-chè gáy-déem hòy-chĭng?

7. Sài Gòng yăn mŏ Chĕong Gòng gūm chĕong?
8. Fáw-chè hái bèen-shūe tĭng chè?
9. Hái fáw-chè jāam năan m̆-năan sĕong chè?
10. Déem-gáai? Fáw-chè gòn m̆-gòn-tsēng?
11. Kŏei mŏ fáw-chăi. Kŏei yăn mèe-yĕ?
12. Déem-gáai yăn gūm dàw yăn hái fáw-chè jāam?
13. Bèen-shūe yăn yàt dō kĭu?
14. Hái Gwóng-jàu gáw-gāw sàan gīu-tsō mùt-yĕ?
15. Déem-gáai gáw-gāw yăn m̆-gāy-dùk măai fày?
16. Hái gáw-tĭu chùen yăn mŏ āap tŏong sóei-ngăn?
17. Gwóng-dòong sáang yăn mèe-yĕ gòng?
18. Hái Jòong-gwōk bèen-tĭu hăw tsēoi chĕong?
19. Fáw-chè dō-jáw Gwóng-jàu kŏei-dāy tsō mèe-yé?
20. Bāak Wŭn Sàan hái bèen-shūe?

HOUSEKEEPING

1. Ā Yìng! Nìng nèe-gēen sàam hōei sái. Sái hó tsāu yīu tōng.

   Ah Ying! Take this dress and wash it. And then iron it.

2. Ngăw m̆-dùk-hăan. Ngăw yīu sō dāy, māat gà-sèe sèen.

   I'm busy. I have to sweep the place and dust the furniture.

3. Gúm, năy māat hó dèe gà-sèe jèe-hāu tsāu yīu sáisàam. Ngăw gùm-yāt hā-jāu yīu jēok.

   Well, when you've dusted the furniture, wash the dress. I need to wear it this afternoon.

4. Hó là, ngăw yàt tsūn tsāu tsō-yŭen.

   All right, I'll be finished soon.

5. Năy tèng-hă! Yău yăn gūm jòong. Ngăw tsēe-gáy hōei. . . . Hāi pāai-sūhn ló . . . Nèe-shūe yău yàt fòong sūhn báy năy . . . hái Gwóng-jàu lăi-gē.

   Listen, someone's ringing the bell. I'll go myself. . . . It's the postman. Here's a letter for you . . . it's from Canton.

6. Èi-yá! Ngăw m̆-gāy-dùk tsùp hó dèe chă bòoi.

   I say! I forgot to clear away the teacups.

7. Fāai-dèe, fāai-dèe là! Síu sùm māat·gòn-tsēng gáw-dèe yée tŏong-măai nèe-jèong tŏy*.

   Hurry up then! And be careful when you dust these chairs and the table.

8. Hó là, hó là.

   All right.

9. Ngăw tsēe-gáy tsùp hó dèe chŏng, tsùp hó dèe sōei-yèe tŏong-măai dèe hăai.

I'll do the beds myself and put away the pyjamas and shoes.

10. Nèe-gā sái-yèe-gày wāai-jáw.

This washing machine's out of order.

11. M̌-hāi wāai-jáw; năy m̌-sìk yōong; nă, hāi gúm yēong*.

It's not out of order; you don't know how to use it; it's this way.

12. Ngăw nìng nèe-tĭu fōo gwā hái yèe-gwāi hó mā?

Shall I hang this pair of trousers in the wardrobe?

13. Hó là. Nèe-dèe sáu-gùn-tsái jài hái gwāi-tóong.

Yes, and put these handkerchiefs in the drawer.

14. Ngăw fōng dèe sáu-gùn-tsái hái nèe-gāw gwāi-tóong, hāi m̌-hāi?

Shall I put the handkerchiefs in this drawer?

15. M̌-hāi, gáw-gāw gwāi-tóong fōng mūt, fōng dèe sáu-gùn-tsái hái hā-bēen gáw-gāw gwāi-tóong.

No, that drawer has socks, put the handkerchiefs in that drawer below.

16. Èi-yá! Hó yēet, ngăw yīu hòy dēen-fòong-sēen. Hó háw-sìk ngăw-dāy mŏ lăang-hāy-gày.

I say! It is hot! I'd better switch on the electric fan. What a pity we haven't an air-conditioner.

17. Ngăw-dāy mŏ gūm dàw chĕen*. Yĕe-ché ngăw-dāy ngàam-ngàam măai-jáw yàt gā sùn dēen-lŏ.

We're not so well off. And what's more we've just bought a new electric cooker.

18. Júe chàan ngăw wā yōong mŏoi-hāy-lŏ hó gwāw dēen-lŏ.

For cooking I think a gas cooker is better than electric.

19. M̌-hāi. Fāai-dèe là! M̌-hó sàai sĕe-hāu.

Oh no. Hurry up. Don't waste time.

Vocabulary

1. sō   to sweep.
   sō dāy   to sweep the floor.
   dāy-fòng   a place.
2. māat   to wipe, dust.
3. gà-sèe   furniture.
4. -yǔen   a verb suffix meaning finished.
5. gūm   to press.
6. jòong   a bell.
   gūm jòong   to press a bell.
7. pāai-sūhn ló   postman (*lit.* 'deliver-letters' fellow'—colloquial).
8. tsùp   to pick up.
   tsùp hó   to clear away, tidy up.
9. yée   a chair, classifier 'jèong'.
10. tǒy   a table, classifier 'jèong'.
11. chǒng   a bed, classifier 'jèong'.
12. sōei-yèe   pyjamas (*lit.* 'sleeping clothes').
13. sái-yèe-gày   a washing machine (*lit.* 'wash—clothes machine').
14. wāai-jáw   broken, out of order.
15. gwā   to hang up.
16. yèe-gwāi   wardrobe (*lit.* 'clothes cupboard').
17. sáu-gùn-tsái   handkerchiefs (*lit.* 'small hand cloths').
18. jài   to put, place.
19. gwāi-tóong   drawer.
20. fōng   to place, release, let go.
21. mūt   socks, classifier 'dōei'—a pair.
22. dēen-fòong-sēen   electric fan (*lit.* 'electric wind fan').
23. háw-sìk   what a pity!
24. lǎang-hāy-gày   air-conditioner (*lit.* 'cold air machine').
25. yěe-ché   moreover.
26. dēen-lǒ   electric cooker.
27. mǒoi-hāy-lǒ   gas cooker.
28. sàai   to waste.

Notes

1. Sentences 1, 3 and 4. To express completion of an action add 'hó', i.e. good or well. This is a satisfying concept as it combines the sense of the job being done well with the notion of being finished. In English we say: 'I have finished washing the clothes'. In Cantonese this is:

'Ngăw sái hó dèe yèe-fōok'.

Where the sense of doing well is not called for the verb suffix '-yŭen' meaning finished is added. Thus in Sentence 4 we have 'tsō-yŭen'—finished.

2. Sentence 3. The verb 'jēok' to wear, put on, prefers a following object. In this case it is understood.

3. Sentences 10 and 16. With the words for washing machine and air-conditioner in this Lesson we have now had five instances of compounds using the word 'gày' which itself means 'machine'. These are:

fày-gày   aeroplane (flying machine).
dá-fáw-gày   cigarette lighter (strike fire machine).
sái-yèe-gày   washing machine.
lăang-hāy-gày air-conditioner (cold air machine).
dá-tsēe-gày   typewriter (strike characters machine).

4. Sentence 10. The word for 'broken down', 'out of order' —'wāai-jáw'—is always given with the verb suffix '-jáw'— (completed action). This word can also be used to mean 'gone bad' in the case of food, fruit, etc. 'Broken', however, as in the case of glass or crockery is rendered by another word with the same verb suffix, viz. 'lāan-jáw'.

5. Sentence 12. 'Yèe-gwāi' is a clothes cupboard or wardrobe. Two other useful compounds are 'shùe-gwāi', a book-case, and 'sūet-gwāi', a refrigerator (*lit*. ice-cupboard).

6. Sentences 13 and 14. Here are the two words for 'put' or 'place'. 'Fōng' is the word for 'release' which we have found in 'fōng-gā', a holiday, and here contains the sense of dropping or laying down the article in question. It is sometimes used with the verb to descend or go down—'fōng-lōk'.

Drill

I. Finishing an action.

1. Ngăw sái hó dèe sàam.
2. Tōng hó ngăw tĭu fōo māy ā? Tōng hó.
3. Năy sé hó fòong sūhn báy năy-gē bā-bà māy? Sé hó.
4. Kŏei ngàam-ngàam góng-yŭen.
5. Ngăw sīk-yŭen fāan.
6. Gáw-gàan sùn òok háy hó māy? Háy hó.
7. Năy tsō-yŭen māy ā? Tsō-yŭen.
8. Fāai-dèe tsùp hó dèe bòoi.
9. Déem-gáai năy māy māat hó dèe gà-sèe? Ngăw m̆-dùk-hăan.
10. Năy yău mŏ măai gā hāy-chè? Măai hó là.

II. Periods of the day.

sēong-jāu	morning, forenoon.
hā-jāu	afternoon.
tsìu-tsó (or 'tsìu-tău-tsó')	early in the morning.
ān-jāu	mid-day, lunch-time.
yē măan	night.

1. Ngăw sēong-jāu tŏong kŏei yúm gā-fè.
2. Gùm-yāt lăi-bāai-lōok; hā-jāu m̆-fàan gòong.
3. Năy gáy-sĕe lăi? Sēong-jāu dĭng-hāi hā-jāu?
4. Tsìu-tău-tsó ngăw sĕe-sĕe yúm bòoi chă.
5. Năy tsìu-tsó gáy déem háy-sùn? Chàt déem.

6. Ān-jāu ngăw m̆-fàan òok-káy sĭk fāan.
7. Ngăw yāt-yāt yàt déem sĭk ān-jāu.
8. Yē măan năy gáy-déem fūn-gāu?
9. Tsìu-tsó jēe-dō yē-măan kŏei hó kŭn-lĭk tsō gòong.
10. Ngăw-gē nŏei sēong-jāu hōei kōk-hāau, ngăw-gē tsái hā-jāu hōei.

III. 'wāai-jáw'   out of order, broken down, gone bad.
    'lāan-jáw'   broken.
    'm̆-hăang'   it won't go.
    'dá-lāan'   to break.

1. Nèe-gā lăang-hāy gày wāai-jáw, m̆-hăang.
2. Gáw-jēk chă bòoi lāan-jáw, m̆-yōong-dùk.
3. Kŏei-dāy dá-lāan dèe chèong-mŏon.
4. Nèe-dèe sàang-gwáw wāai-jáw, m̆-sĭk-dùk.
5. Gáw-gā dēen-fòong-sēen wāai-jáw, m̆-hòy-dùk.
6. Ngăw gā hāy-chè, wāai-jáw, m̆-hăang.
7. Nèe-dèe jùe-yōok wāai-jáw, m̆-sĭk-dùk.
8. Ngăw-gē dá-tsēe-gày wāai,jáw.
10. Ngăw-gē yŭen-bùt lāan-jáw.

IV. 'jài', 'fōng'—put, place.

1. Jài dèe bòoi gáw-shūe.
2. Fōng dèe shùe hái shùe-gwāi.
3. Fōng dèe mūt hái gwāi-tóong.
4. Tsùp hó dèe bòoi jài gwāi shūe.
5. Dèe bè-tsáu jài hái gāw sūet-gwāi.
6. Fōng dèe hăai hái yèe-gwāi.
7. Jài gáw-jèong yée gáw-shūe.
8. Fōng lōk dèe fà nèe-shūe.

V. 'háw sìk'—what a pity!

1. Háw sìk lōk-yŭe, kŏei-dāy m̀-háw-yĕe dá-bàw.
2. Háw sìk ngăw mŏ chĕen* măai nèe-bō shùe.
3. Hó háw-sìk kŏei-gē fōo-chùn sáy-jáw.
4. Háw-sìk kŏei yăn bēng, m̀-hōei-dùk hōk-hāau.
5. Háw-sìk ngăw m̀-híu góng Yìng-gwōk wā*.

More Practice

Read aloud and answer the following according to the Dialogue and also just as you please:

1. Déem-gáai tāai-tāai* gīu Ā Yìng sái tōng kŏei-gē sàam?
2. Ā Yìng wā kŏei m̀-dùk-hăan.   Déem-gáai?
3. Déem-gáai kŏei-dāy mŏ lăang-hāy gày?
4. Kŏei-dāy yău dēen-lŏ dīng-hāi mŏoi-hāy-lŏ?
5. Bèen-gāw gūm jòong?
6. Ā Yìng yīu gwā tĭu fōo bèen-shūe?
7. Kŏei-dāy yău yàt gā sái-yèe-gày; hāi m̀-hāi wāai-jáw?
8. Tsìu-tsìu Ā Yìng yīu tsō mèe-yé?
9. Ā Yìng jòong-yēe yōong mèe-yé lŏ júe chàan?
10. Yău mùt-yĕ hái yèe-gwāi?
11. Ā Yìng sái hó dèe sàam yīu tsō mèe-yĕ?
12. Kŏei yīu jài dèe sáu-gùn-tsái bèen-shūe?
13. Bèen-gāw tsùp hó dèe sōei-yèe tŏong-măai dèe hăai?
14. Pāai-sūhn-ló nìng yàt fòong sūhn báy bèen-gāw?
15. Gáw fòong sūhn hái bèen-shūe lăi?
16. Pāai-sūhn-ló lăi, kŏei tsō mèe-yĕ?
17. Yŭe-gwáw hó yĕet yīu tsō mèe-yĕ?
18. Háw m̀-háw-yĕe hòy lăang-hāy-gày?
19. Bèen-gāw sō dāy, māat gà-sèe?
20. Ā Yìng m̀-gāy-dùk tsō mèe-yĕ?
21. Tāai-tāai* gīu Ā Yìng māat hó mèe-yĕ?
22. Bèen-gāw wā m̀-hó sàai sĕe-hāu?   Déem-gáai?
23. Ā Yìng jòong m̀-jòong-yēe kìng-gái?
24. Fūn-gāu fŏng* yău mŏ chŏng?   Yău gáy-dàw jèong?
25. Nèe-bóon shùe năy dōok-yŭen māy?

CHINESE CHARACTERS VERSION OF THE DIALOGUES

THE Dialogues, not the Drills, of the twenty Lessons are given here in Chinese characters. It is not intended that the student of *spoken* Cantonese should attempt to learn them although the student of written Chinese may find them useful (and curious as there are a number of non-standard characters and usages). The Dialogues are given in characters so that a Cantonese-speaking Chinese may read them aloud and give the student an opportunity of hearing and mimicking true Cantonese speech. The characters in the Introduction are given for the same purpose. If at all possible, the student should record the Tone Tables and the Dialogues from a Cantonese-speaking Chinese.

第一課

1 王先生，早晨。

2 何先生，早晨，幾好嗎？

3 幾好，你呢，你食咗飯未呀？

4 食咗，唔該，你呢？

5 我食咗，唔該。

6 呢位係李先生，佢係學生。

7 李先生，你係唔係英國人？

8 係，我係英國人。

9 李先生係學生，你學乜嘢？

10 我學講廣東話。

11 李先生食咗飯未？

12 食咗，唔該。

第二課

1 你有冇房？

2 你哋幾多個人？

3 我哋兩個人。

4 你哋係唔係美國人？

5 唔係，我哋係英國人。

6 你哋幾時嚟香港？

7 我今日嚟，我嘅朋友噚日嚟。

8 你要住幾耐？

9 羅先生要住一日，佢聽日去星加坡，我要住三日。

10 好啦，呢度有一間房，嗰度有一間，兩間都好靚。

11 唔該。

第三課

1 請問你貴姓？

2 我姓李，你呢？

3 我姓張，你嚟咗香港幾耐？

4 我嚟咗四日。

5 唉吔！四日！你識講中國話。

6 小小。

7 你嚟香港做生意係嗎？

8 唔係，我嚟讀書。

9 你嚟讀乜嘢書？

10 我嚟讀中文，學講廣東話，邊個嚟？

11 係我太太同埋我哋細紋仔。呢位係李先生。

12 張太太識講英文嗎？

13 我唔識講，我識聽小小。

14 你哋喺邊處住？

15 我哋喺九龍住，你呢？

16 我喺灣仔住。

17 唔吔，我哋要番去食飯，再見。

18 再見。

第四課

1　李先生，早晨，請坐，你今日去邊度？

2　我去見我嘅朋友。

3　佢喺邊度住？

4　佢喺酒店住。

5　離呢處遠唔遠？

6　好遠，我要坐巴士或的士去。

7　你有汽車？

8　冇⋯⋯喂，的士！我要去明華酒店，你識唔識路？

9　識，離呢處兩英里，好近唧。

10 兩英里，唔係幾遠，呢架車行得好快。我而家要行慢的。

11 唔係十分快，呢處有好多車，我而家要行慢的。

12 呮吔，咁多車。

13 你點樣嚟香港？

14 我坐飛機嚟，我太太坐船嚟。

15 你識唔識揸車？

16 唔識，我而家學揸。

17 呢處係明華酒店。

18 好大間，幾多錢？

19 五蚊，多謝。

第五課

1 呢條路有咁多舖頭！你想唔想買嘢？

2 我唔想，呢間賣乜嘢？

3 呢間賣書，箇間賣生果。

4 左便箇間係唔係銀行？

5 唔係，箇間係酒家，你幾點鐘食晏晝？

6 一點鐘，而家幾點？

7 而家十二點四個字。

8 唔係，而家十二點半。

9 呢條係乜野路？

10 呢條係中山道，右便係大清道。箇處有一間戲院。

11 你鍾意睇戲嗎？

12 唔鍾意，我鍾意睇書。

13 坐箇度箇個女人做乜嘢？

14 佢賣報紙。

15 唉吔！咁多車。咁多人，我要快啲番屋企。而家十二點七個字。

16 我都要番屋企，我十二點三個骨食晏晝，再見。

17 再見。

19. 簡本平啲，三毫子。

18. 唔愛，簡本呢？

17. 呢本部四毫子，愛唔愛？

16. 我要一百張，重要一本部。

15. 三個七五十張，你愛幾多張？

14. 唔愛，我要買啲紙，呢啲幾多？

13. 愛唔愛鉛筆呢？

12. 好，我買兩枝。

11. 呢枝墨水筆七蚊。

10. 我唔買，呢枝筆幾多呢？

第六課

1 亞英！我哋出街買嘢。

2 你哋番唔番嚟食晏？

3 番；我哋一點番嚟食晏畫。

4 ……箇本書幾多錢？

5 呢本中文書？

6 唔係，箇本英文嘅。

7 呢本十四蚊。

8 咁貴呀！

9 唔係貴，好平嘅咋。

第六課（二）

20 要，我要兩本，冚罷唥幾多錢？

21 兩枝墨水筆十四蚊，一百張紙七個四，兩本部六毫子，冚罷唥二十二蚊。

22 呢處三十蚊。

23 我俾番八蚊你。多謝，多謝，再見。

24 再見……我想買啲花。呢啲幾多錢？

25 呢啲紅色嘅？呢啲三毫子一枝。

29 28 27 26

好貴。箇啲白色嘅呢？

箇啲平啲，兩毫子一枝。

我鍾意啲白色嘅。俾六枝我，個二係嗎？呢處兩蚊。

我俾番八毫子你。呢個月啲花最靚。喺香港十一月，十二月啲花最多。

第七課

1　你點解讀中文？

2　因爲好有用。

3　係咩？呢間學校有幾多個學生？

4　我唔知，我估有差唔多三十個學生。

5　你話學中文難唔難呢？

6　學講唔係十分難，但係學寫字好難。

7　學英文容易唔容易呢？

8　唔係十分容易。

9　你會唔會寫中國字？

10　我唔會，但係我嘅朋友羅先生會。

11　佢識唔識睇中文報紙？

22 唔係，好少嘅啫。

21 你以經識講好多。

20 兩三年，因為我唔係日日讀書，所以我學得好慢。

19 你要學廣東話幾耐？

18 係呀，而家好多美國同埋英國大學教中文。

17 而家好多西人學中國話。

16 因為國語冇咁多音。

15 你話國語容易過廣東話？點解？

14 小小，我稔國語冇廣東話咁難。

13 你識唔識講國語？

12 未，佢讀咗中文無幾耐，佢好識講廣東話。

第八課

1 飲杯茶啦。

2 唔該，呢啲茶好好飲。

3 幾好，呢啲係中國茶，好香。

4 食啲點心啦，你曉唔曉用筷子？

5 曉，唔係幾難用。

6 有好多樣點心，你鍾意乜嘢？

7 呢啲係咪嘢？

8 呢啲係蝦，箇啲係豬肉，箇便箇啲係雞。

9 我鍾意食雞。

10 愛唔愛飯？白飯？炒飯？

11　一碗白飯，你係唔係時時嚟呢處食晏晝？

12　唔係，有時番屋企，有時去第二間酒家。

13　呢啲餸十分好食。

14　好平常，唔好客氣，請食啲菜，愛唔愛湯？

15　我食得好飽，你食好少。

16　唔係，我要食啲麵，喂，伙記，擰一碟麵嚟。

17　我重愛啲茶……唔該，唔哋，兩點鐘，我要番寫字樓。

18　伙記，埋單。

19　多謝，多謝。

20　唔好客氣，再見。

第九課

1 你姓咪嘢？

2 我姓陳。

3 你叫做咪嘢名？

4 我叫做學明。

5 你幾多歲？

6 我廿七歲。

7 你喺邊度出世？

8 我喺廣州出世。

9 你幾時嚟香港？

10 我一九五八年嚟。

11 你結咗婚未？

12 我結咗婚四年。

13 你有冇仔女？

14 一個仔，一個女。

15 你而家做咪嘢事？

16 我係教員。

17 喺邊處教書？

18 喺一間中學。

19 你敎乜嘢？

第九課（二）

20 我教英文。

21 現在想做乜嘢呢？

22 我想做秘書。

23 你要幾多薪水？

24 一千蚊。

25 太多，等一陣，我要聽電話。喂？
我唔等閒，對唔住：：陳先生，唔好意思，你話要一千蚊？我俾
七百五，如果你做得好，或者我俾多啲，好唔好？

31	30	29	28	27	26

26 好。

27 我唔記得問你，你識打字嗎？

28 一定識，我幾年前學過打字。

29 請睇呢封信，係英文嘅，你明唔明白？

30 明白。

31 好啦，請你三月一號嚟做。

第十課

1　今日真係好熱。

2　係，尋日涼爽啲，因爲落雨。

3　尋日落好大雨，香港嘅天氣係咁樣，四五個月好熱，兩三個月好冷，三四個月暖暖哋。

4　尋晚因爲咁熱，我覺得好唔舒服，好難瞓教。

5　你有冷氣？

6　冇，我想買一架冷氣機，你今日有冇去打波？

7　我冇去，因爲熱過頭。

8　係真嘅，現在好大風，你諗會唔會打風呢？

9　我諗唔會，啲風唔係十分大。

10 你有冇去過英國？

11 我未去過，你呢？

12 我去過一次，英國嘅天氣凍過香港好多。

13 係咩？有冇落雪？

14 有，喺北京，上海都有時落雪。

15 箇處一定要着好多衣服，係唔係？

16 係，要着好多衫。

17 尋晚落大雨，我嘅衫好濕，今朝都未乾。

18 聽朝如果好天，我想去打波。

19 我諗聽日一定好天。

第十一課

1　眞係好耐冇見。你喺邊處咁耐？

2　喺南京，我舊年番嚟香港。

3　你喺南京做乜嘢？

4　我去見我父母。

5　兩個都好嗎？

6　父親好但係母親有病，佢現在好番啲，你父母呢？

7　我媽媽死咗，爸爸仲喺處，佢好老，八十幾歲。

8　上個禮拜我見過你嘅細佬，佢話今年會結婚。

9　係，同一位陳小姐，我唔記得佢嘅名，佢喺下個月結婚。

10 我大佬啱啱結咗婚，佢嘅太太係羅慶明嘅妹。

11 唔係佢嘅妹，係佢亞姊，慶明係我老朋友，佢出年去英國做生意。

12 我喺南京嘅時候見過劉偉昌，你記唔記得佢？

13 記得，佢以前喺香港做醫生。

14 係，好多年前。

15 你點樣去南京㗎？

16 我坐火車去，係好舒服。

17 番嚟嘅時候呢？

18 我坐飛機番嚟。

第十二課

1 喺香港有好多山。

2 冇錯，喺香港個海島啲山好高，喺九龍啲山冇咁高。

3 香港有好小地方起屋，所以起咗咁多高樓，

4 係，地方細，人多。

5 冇錯，你喺邊處住？

6 喺灣仔，一間好高嘅樓，有二十層，我哋喺十七樓。

7 喺香港南便有一撻地方叫做香港仔，係唔係？

8 喺箇處有好多船仔。有好多攞魚人。

9 香港南便有深水灣同埋淺水灣，個城市喺北便。東便，西便有好多海島。

10 簡間係乜嘢？

11 簡間係大會堂，後便有幾間銀行同埋酒店，大會堂前便有海，過海係九龍。

12 飲多一杯茶，喂！伙記，多兩杯茶。

13 王先生講俾我聽佢而家喺沙田住。

14 好遠，佢要日日過海嚟做工。

15 佢喺邊度做工？

16 喺上海銀行。

17 你自己喺邊度住？

18 喺北角。

19 你坐咪嘢車番屋企？

20 我坐電車。

21 你坐電車樓上定喺樓下？

22 我時時坐樓上。

23 香港有好多車。

24 眞係，太多。

第十三課

1 你喺邊處讀書？

2 香港大學，你呢？

3 我喺香港中文大學新亞書院。

4 我讀醫學。你讀咪嘢？

5 我讀中文同埋中國歷史。我哋下個禮拜考試。

6 我哋下個月都考試，我好怕考唔倒，唔夠時候讀咁多嘢。

7 你唔使怕，你咁聰明，你一定考倒。

8 希望考倒但係話唔定。

9 你間大學嘅學生多數係男仔，係唔係？

10 多數係，不過都有好多女仔，佢哋多數讀文學。

11 食煙？

12 唔該，我唔食，你够唔够時候飲杯㗎啡？

13 唔够時候，我要去醫院，你呢？

14 我要去圖書舘。

15 你搭巴士去嗎？呢個時候好難搭巴士，人多，而家唔好去。

16 我知，我尋日搭唔倒車，不過冇法子，我一定要去。

17 你幾時畢業？

18 我希望出年。

19 我重有兩年，我畢業之後希望去外國讀書，去外國嘅學生多數去英國同埋美國。

20 我而家去罅。

21 喂！小心！有車嚟罅。

22 多謝，真係好危險。

23 要好小心行過馬路。

第十四課

1 喂，你搵邊位？

2 王先生喺處嗎？

3 王先生？呢處冇人姓王，你搭錯線。

4 你幾多號電話？係唔係二六二三零一？

5 一陣，呢處好黑，我睇唔見，要開燈，呢處二七二三零一。

6 對唔住，我搭錯線。

7 你係邊位？

8 我係李華德，王先生頭先打電話叫我打番俾佢。

9 等一陣，我叫佢嚟聽電話。

10 喂，華德，幾好嗎？好耐唔見。

11 真係，你頭先打電話俾我。

12 冇錯，你聽朝得閒嗎？

13 我得閒，點解呢？

14 我有啲事幹想同你講。

15 係咪嘢事？係唔係好緊要嘅？

16 唔係十分緊要嘅，不過我想見吓你。

17 咪嘢話？我唔明白，係咪嘢事。

18 係咁樣，我想結婚。

19 嘩！同邊個？

20 同何小姐，即係何美芳，佢喺天安公司做打字。

21 我識佢，我聽講佢父親好有錢，唔洗等到聽朝見你，你幾點鐘放工？

22 五點，但係我唔得閒，我要番屋企打理我嘅細佬，佢有病。

23 我朝朝九點番工就會打電話俾你，十一點以後我得閒同你飲㗎啡。

24 好好，十一點咁上下我得閒，我一聽到你電話我就嚟。

第十五課

1 我今晚着咪嘢衫?

2 箇件藍色嘅好靚。

3 好,今晚好熱。箇件衫又靚又薄。箇套灰色衣服啱嗎?

4 我着咪嘢好呢?箇套係唐餐定係西餐?

5 啱晒;今晚係唐餐定係西餐,呢條褲係幾乾淨。

6 我諗係西餐,呢條褲唔係乾淨。

7 唔係汚糟,淨係要熨吓,亞英,擰呢條褲去熨。

8 呢套衣服咁厚,我怕我會好熱。

9 唔會,張先生間屋有冷氣,你唔使怕。

10 要唔要送啲花俾張太太?

11 應該,你知唔知張先生請邊啲人客食餐?

12 我唔知道，你做咪嘢咁慢？要快啲着衫。

13 唔怕，重有好多時候，未夠七點，洗乜咁快？我重未冲涼。

14 重未冲涼？我冲咗好耐㗎。

15 我對鞋喺邊處？

16 我唔知，叫亞英擰你嘅鞋嚟，佢一定知道喺邊處。

17 亞英，擰我對鞋嚟。

18 叫亞英閂埋嘅門同埋嘅窗門，佢應該去瞓教，我地一定好夜番嚟。

19 我已經好喇，我地晚晚都出街。

20 唔係，禮拜一，呢個禮拜一次啫。

21 唔係，禮拜一，禮拜三卽係兩次，唔緊要，冇辦法，我而家去冲涼，你要記得叫的士嚟。我地要八點鐘到張先生處。

第十六課

1. 佢係邊國人？

2. 佢係印度人，坐箇處個係馬來人。

3. 住星加坡嘅多數係咪嘢人？

4. 多數係唐人，即係佢地本來係中國嘅嘅。

5. 呢處人口幾大？

6. 差唔多二百萬。

7. 咁多！唐人，印度人有時番自己祖家，係唔係？佢地喺呢處出世，好似美國舊陣時。

8. 現在唔番，星加坡係佢地國家，箇處啲西人本來喺歐洲嚟嘅。

9. 可以唔可以而家食飯？

10. 可以，但係最好我地等黃小姐嚟。

11. 當然啦！我唔記得。

12. 你搵倒工人未？

13 我得一個啫，司機，花王好難搵；而且人工好貴，我搵倒箇個係唐人，佢做洗熨，我自己去街市買嘢，煮餐，我時時唔得閒。

14 箇處飲茶箇啲係咩人？

15 我聽佢地講，好似係美國人。

16 唔係佢地，箇便個啲。

17 唔知呢，好似係日本人，呢間酒家有好多種人，唏哋！以經七點半，做咪嘢黃小姐重未嚟，佢好遲。

18 我諗佢一定嚟緊。

19 就嚟架嘍，佢同邊個嚟？

20 對唔住，我好遲到。

21 冇問題，我地即刻去樓上食飯，呢處樓下好嘈，呢位……？

22 胡小姐，我地尋日一齊番嚟星加坡。

23 請坐，隨便坐，咁好機會傾咁。

第十七課

1 我唔鐘意呢份工。

2 點解唔鐘意？

3 因爲好辛苦。

4 點樣辛苦？

5 我要好早番工——六點鐘。

6 咁早，你要好早起身。

7 係，我朝朝四點半起身，五點半要過海，而且人工好小。

8 你細佬做咪嘢工？

9 佢都係打工，佢做伙記，我大佬做警察。

10 做警察都幾辛苦。

11 佢唔辛苦，佢係警官。

12 佢好聰明。

13 唔係幾聰明，但係佢好勤力，我好懶，平安公司邊個做老板？

14 林偉豐，點解？

15 你識佢嗎？你幫我喺平安公司搵份工做，好嗎？

16 你要我介紹你俾林偉豐，係嗎？我同林先生唔係幾熟，你係唔係想做伙記？

17 唔係，我可以做打字或秘書，唔該你介紹我。

18 好啦，我希望你搵倒工作。我聽話平安而家請人，生意好好嘅，

19 啲工人有冇工會？佢地有三間工廠，每一間請千幾人。

20 有，多數係會員。

21 有冇假期？

22 有，每個禮拜放一日假，人工都幾好。

第十八課

1　今日星期六，你想做咪嘢？

2　唔啱我地去游水，去淺水灣好唔好？

3　而家熱過頭，淺水灣人太多。最好我地等到五點鐘就去行街。

4　去邊處行街？

5　唔啱我地去山頂行吓？箇處好靚。

6　好啦⋯⋯我地坐巴士去尖沙咀碼頭，過咗海就坐纜車上山⋯⋯。

7　⋯⋯真係好睇！非常靚！你睇吓，有咁多火船，咁多船仔。

8　箇邊你睇睇飛機場？

9　我睇唔見，喺邊度呀？

10　喺箇邊，你睇到嗎？

11　我而家睇見，喺喺對面，下便啲屋好似火柴盒。

12 實在有好多二十層咁高，呢條路仔好窄。

13 够闊囉，車唔行。

14 呢處好靜，下便好嘈。

15 我重聽見下便啲車，不過好細聲。

16 我都聽得到，唔係幾大聲，呢揀樹啲花好靚。

17 眞係好睇，啲花重好香添。

18 而家六點幾鐘，好涼爽，你嚡唔嚡？

19 須然我咁老，但係我唔嚡。

20 老？唔係，你好後生。

21 纜車站離呢處遠唔遠？

22 冇幾遠，重有三個字就到囉。我地好快落山。

23 我地七點至番屋企。

第十九課

1 去廣州快車幾點開程？

2 九點半，重有好多時候，你買咗飛未？

3 未，我地坐頭等定係二等？

4 二等好。又舒服又平嘅⋯⋯唔該俾兩張二等票。

5 去邊處？

6 唔住，我好蠢，我地去廣州，唔該。

7 對唔住，我好蠢，我地去廣州，唔該。喺火車站有咁多人送朋友好難上車。

8 快啲上車！一陣就開。

9 有冇位？⋯⋯呀，呢處有兩個位，快啲坐啦。

呢架車好乾淨，係唔係新嘅？

18 起首落雨。

17 冇，但係有打火機，請食煙，我而家唔食。

16 我細佬哥嘅時候去過一次，你有冇火柴？

15 你話你未去過廣州？

14 呢條係東江，呢處係石龍，火車要過橋，廣州離呢度差唔多四十英里。

13 呢條河好闊。

12 過咗呢條河仔就係深圳⋯⋯呀，停車罅，好多人落車。

11 水牛同埋豬都有。

10 我諗唔係，不過都唔係十分舊嘅⋯⋯箇條村好靚你睇吓咁多鴨。

19 我以為唔會好似尋日咁大。

20 都係夠大，好似尋日一樣，而家停車，做咪嘢？

21 係一個好細嘅火車站。

22 唔洗幾耐我地到廣州，我睇見白雲山。

23 我地頭先經過東江，廣東重有冇大河？

24 有，喺廣州有珠江，廣州上便簡條叫做西江，係好長，又有北江。

25 西江有冇長江或黃河咁長？

26 唔係，有佢地咁長，長江同埋黃河十分長。

27 呢處廣州，到咗罅，擰落啲行李……開門，落車。

第二十課

1 亞英，攞呢件衫去洗，洗好咗就要熨。

2 我唔得閒，我要掃地，抹傢俬先。

3 咁，你抹好啲傢俬之後就要洗衫，我今日下畫要着。

4 好啦，我一陣就做完。

5 你嚟吓！有人襟鐘，我自己去⋯⋯係派信佬，呢處有一封信俾你

6 ⋯⋯係廣州嚟嘅。

7 快啲，快啲啦！小心抹乾淨啲椅同埋呢張枱。

8 好啦，好啦。

9 我自己汁好啲床，汁好啲睡衣同埋啲鞋。

19 18 17 16 15 14 13 12 11 10

10 呢架洗衣機壞咗。

11 唔係壞咗，你唔識用，拿，係咁樣。

12 我擰呢條褲掛喺衣櫃好嗎？

13 好啦，呢啲手巾仔喺櫃桶。

14 我放啲手巾仔喺呢個櫃桶，係唔係？

15 唔係，箇個櫃桶放襪，放啲手巾仔喺下便箇個櫃桶。

16 唉吔！好熱，我要開電風扇，好可惜我地冇冷氣機。

17 唉吔，我地冇咁多錢，而且我地啱啱買咗一架新電爐。

18 煮餐我話用煤氣爐好過電爐。

19 唔係，快啲啦，唔好嗮時候。

ENGLISH-CANTONESE VOCABULARY

(Numbers indicate Lessons)

Aberdeen (in Hong Kong)	Hèong Góng-tsái	12
above	sēong-bēen	12
abroad	ngōy-gwōk	13
affairs	sēe or sēe-gōn	9, 14
after	jèe-hāu	13
	yĕe-hāu	14
air-conditioner	lăang-hāy gày	20
air-conditioning	lăang-hāy	10
aircraft	fày-gày	4
airport	fày-gày-chĕong	18
all	dò	2
	hūm-bā-lāang	6
allow	báy	17
already	yĕe-gìng	7
also	dò	2
although	sòei-yĕen	18
always	sĕe-sĕe	8
America	Măy-gwōk	2
and	tŏong-măai	3
another	dāi-yēe	8
approximately	chà-m̀-dàw	7
	gūm-sēong-hā*	14
April	sāy-yūet	6
arduous	sùn-fóo	17
Arts	mŭn-hōk	13
ascend	sĕong	18
ask, to	mūn	3

call, to	gīu	9
can	háw-yĕe	16
Canton	Gwóng-jàu	9
Cantonese (language)	Gwóng-dòong-wā*	1
car	hāy-chè	4
ceremonious	hāak-hāy	8
certainly	dòng-yĕen	16
	yàt-dīng	9
chair	yēe	20
character (written)	tsēe	5
chat, to	king-gái	16
cheap	pĕng	6
chicken	gài	8
children	sāi-mùn-tsái	3
	tsái-nŏei	9
China	Jòong-gwōk	3
Chinese (written)	Jòong-mŭn	3
chopsticks	fāai-tsée	8
cinema	hāy-yūen*	5
city	sĕng-sĕe	12
clean	gòn-tsēng	15
clever	chòong-mĭng	13
clothes	sàam	10
	yèe-fōok	10
coffee	gā-fè	13
cold	dōong	10
	lăang	10
college	shùe-yūen*	13
come, to	lăi	2
comfortable	shùe-fōok	10
company, a	gòong-sèe	14
complete	sāai	15
consider, to	gōk-dùk	10
continent	jàu	13
cooker, electric	dēen-lŏ	20

at	hái	3
August	bāat yūet	6
bank	ngăn-hŏng	5
bath, to	chòong-lĕong	15
because	yàn-wāi	7
bed	chŏng	20
before	chĕen	9
begin, to	háy-sáu	19
behind	hāu-bēen	12
bell	jòong	20
below	hā-bēen	12
big	dāai	4
black	hùk	14
blue	lăam	15
born, to be	chòot-sāi	9
both	dò	2
both . . . and	yāu . . . yāu	15
bowl	wóon	8
box	hūp	18
boy	sāi-ló-gàw	19
bridge	kĭu	19
bring, to	láw	12
	nìng	8
broken	wāai-jáw	20
brother, elder	dāai-ló	11
brother, younger	sāi-ló	11
buffalo, water	sóei-ngău	19
building	lău	12
bus	bà-sée	4
business	sàang-yēe	3
busy	m̀-dùk-hăan	9
but	bùt-gwāw	13
	dāan-hāi	7
buy, to	măai	5

cooker, gas	mŏoi-hāy-lŏ	20
cool	lĕong-sóng	10
correct	mŏ chāw	12
	ngàam	15
cross, to	gwāw	7
cup	bòoi	8
daily	yāt-yāt	7
damaged	wāai-jáw	20
dangerous	ngăi-héem	13
dark	hùk	14
daughter	nŏei	9
date	hō	9
dear	gwāi	6
December	sūp-yēe yūet	6
deep	sùm	12
descend, to	lōk	18
die, to	sáy	11
difficult	năan	7
diligent	kŭn-līk	17
dirty	òo-tsò	15
do, to	tsō	3
doctor	yèe-sàang	11
dollar	mùn	4
door	mŏon	15
downstairs	lău-hā	16
drawer	gwāi-tóong	20
drink, to	yúm	8
drive, to (a car, etc.)	jà	4
driver	sèe-gày	16
dry	gòn	10
duck	āap	19
each	mŏoi	17
east	dòong	12

easy	yǒong-yēe	7
eat, to	sīk	1
eight	bāat	5
elder brother	dāai-ló	11
elder sister	ā-jè	11
electric fan	dēen-fòong-sēen	20
electric light	dēen-dàng	14
eleven	sūp-yàt	5
employ	chéng	17
England	Yìng-gwōk	1
English (spoken)	Yìng-gwōk wā*	
English (written)	Yìng-mǔn	3
enough	gāu	13
escort, to	sōong	19
Europe	Àu-jàu	16
European	Sài-yǎn	7
examination	háau-sēe	13
expensive	gwāi	6
factory	gòong-chóng	17
fairly	gáy	1
familiar	sōok	17
far	yǔen	4
fast	fāai	4
father	bā-bà	11
	fōo-chùn	11
fear, to	pā	13
February	yēe yūet	6
feel, to	gōk-dùk	10
few	síu	3
finished (verb suffix)	-yǔen	20
first-class	tǎu-dáng	19
fish	yǔe	12
fisherman	láw-yǔe-yǎn	12
five	ňg	4

flimsy	bōk	15
flower	fà	6
food	sōong	8
foreign	ngōy-gwōk	13
formerly	gāu-tsūn-sĕe	16
	yĕe-chĕen	11
four	sāy	3
fourteen	sūp-sāy	6
fragrant	hèong	8
frequently	sĕe-sĕe	8
Friday	lăi-bāai ńg	7
friend	păang-yău	2
from	lăy	4
front, in	chĕen-bēen	12
fruit	sàang-gwáw	5
fry, to	cháau	8
funicular railway	lāam-chè	18
furniture	gà-sèe	20
gardener	fà-wŏng	16
get, to	láw	12
get up, to	háy-sùn	17
give, to	báy	6
give back, to	báy-fàan	17
go, to	hăang	4
	hōei	2
go away, to	tsáu	13
go out, to	chòot-gàai	6
good	hó	1
goodbye	tsōy-gēen	3
good morning	tsó-sŭn	1
graduate, to	bùt-yēep	13
grey	fòoi	15
great	tāai	9
guest	yăn-hāak	6

half	bōon	5
hall	dāai-wōoi-tŏng	12
	tŏng	12
handkerchief	sáu-gùn-tsái	20
hang up, to	gwā	20
have, to	yǎu	2
he	kŏei	1
hear, to	tèng	3
	tèng-gēen	18
help	bòng	17
here	nèe-dō̄	2
high	gò	12
hill	sàan	12
history	līk-sée	13
holidays	gā-kǎy	17
home	òok-káy	5
homeland	tsó-gà	16
honest	jùn	10
Hong Kong	Hèong Góng	2
hope, hope to	hày-mō̄ng	13
hospital	yèe-yūen*	13
hot	yēēet	10
hotel	tsáu-dēem	4
how?	déem-yēōng*	4
	gáy	1
how many?	gáy-dàw	2
I	ngǎw	1
if	yǔe-gwáw	9
ill	bēēng	11
immediately	tsìk-hùk	16
in	hái	3
in, to be	hái-shūe	14
India	Yān-dō̄	16
inform, to	góng báy . . . tèng	12

ink	mūk-sóei	6
introduce, to	gāai-sīu	17
invite, to	chéng	3
iron, to	tōng	15
is	hāi	1
island	hóy-dó	12
January	yàt yūet	6
Japan	Yāt-bóon	16
July	chàt yūet	6
June	lōok yūet	6
just (of time)	ngàam-ngàam	11
kind (sort)	yēong*	8
know, to	jèe	7
	sìk	3
know how to, to	híu	8
	sìk	3
	wŏoi	7
Kowloon	Gáu-lŏong	3
Kwangtung	Gwóng-dòong	1
lamp	dàng	14
language	wā*	1
late	chĕe	16
late (at night)	yē	15
lazy	lăan	17
lead (mineral)	yŭen	6
learn, to	hōk	1
left	tsáw-bēen	5
leisure, to have	dùk-hăan	14
lesson	fāw	1
letter	sūhn	9
library	tŏ-shùe-gwóon	13
lift, to	háy	12

lighter, a	dá-fáw-gày	19
like	hó chĕe	16
like, to	jòong-yēe	5
	ōy	6
listen, to	tèng	3
little, a	síu	3
long (of time)	nōy	2
look, to	tái	5
look after, to	dá-lăy	14
look for, to	wún	14
love, to	ōy	6
luggage	hăang-lăy	19
lunch	ān-jāu	5
majority	dàw-sō	13
make, to	tsō̄	3
Malay, a	Mă-làai-yăn	16
man	yăn	1
Mandarin	Gwōk-yŭe	7
manner	yēong*	8
March	sàam yūet	6
market	gàai-sĕe	16
marry, to	gēet-fùn	9
matches	fáw-chăi	18
May	ňg yūet	6
meal	chàan	6
medicine (the study of)	yèe-hōk	13
meet, to	gēen	4
meeting	wōoi*	12
member (of a society)	wōoi-yŭen*	17
middle school	jòong-hōk	9
mile	Yìng-lăy	4
million	yàt bāak māan	16
Miss	síu-jé	11
moment	tsūn	9

Monday	lăi-bāai yàt	7
money	chĕen*	4
month	yūet	6
month, next	hā-gāw yūet	11
moreover	yĕe-ché	16
morning	tsìu	10
mother	mā-mà	11
	mŏ-chùn	11
mountain	sàan	12
Mr.	sèen-sàng	1
Mrs.	tāai-tāai*	3
name	mĕng*	9
Nanking	Năam-gìng	11
narrow	jāak	18
nation	gwōk-gà	16
near	kŭn	4
need, to	yīu	2
new	sùn	19
newspaper	bō-jée	5
nine	gáu	5
noisy	chŏ	16
noodles	mēen	8
north	bùk	12
notebook	bó	6
November	sūp-yàt yūet	6
now	yĕe-gà	4
	yēen-tsōy	9
number	hō	9
obtain	dùk	16
October	sūp yūet	6
of course	dòng-yĕen	16
office	sé-tsēe-lău	8
old (of persons)	lŏ	11

old (of things)	gāu	19
one	yàt	1
only	bùt-gwāw	13
	jè	4
	tsīng-hāi	15
open, to	hòy	14
opportunity	gày-wōoi	16
opposite	dōei-mēen	18
or (in questions)	dīng-hāi	15
or	wāak-jé	4
ordinary	pǐng-sěong	8
originally	bóon-lǒi	16
ought	yìng-gòy	15
pair	dōei	15
paper	jée	6
parents	fōo-mǒ	11
pass, to	gìng-gwāw	19
Peking	Bùk-gìng	10
pen	mūk-sóei-bùt	6
pencil	yǔen-bùt	6
permit, to	jún	18
person	yǎn	1
pick up, to	tsùp	20
pier	mǎ-tǎu	18
pig	jùe	19
pity, what a!	háw-sìk	20
place	wāi*	19
plate	dēep	8
play a ball game, to	dá-bàw	
please	chéng	3
	m̌-gòy	1
policeman	gìng-chāat	17
police officer	gíng-gwòon	17
population	yǎn-háu	16
pork	jùe-yōok	8

postman	pāai-sūhn-ló	20
present, to	sōong	15
press, to (e.g. a bell)	gūm	20
pretty	hó tái	18
	lēng	2
profound	sùm	12
proprietor	lŏ-báan	17
province	sáang	19
put, to	jài	20
pyjamas	sōei-yèe	20
quarter	gwùt	5
quiet	jīng	18
quite	gáy	1
railway station	fáw-chè-jāam	19
rain, to	lōk-yŭe	10
reach, to	dō	15
really	jùn	10
recover, to	hó-fàan	11
red	hŏong	6
release, to	fōng	20
remember, to	gāy	9
restaurant	tsáu-gà	5
return, to	fàan-hōei	3
rice, boiled	bāak fāan	8
rice, cooked	fāan	1
right, right side	yāu-bēen	5
river	hăw	19
road	dō	5
	lō	4
room	fŏng*	2
run, to	tsáu	13
salary	sùn-sóei	9
same, the	yàt-yĕong*	19

Saturday	lǎi-bāai lōok	7
	sìng-kǎy lōok	18
savouries	déem-sùm	8
say, to	wā	1
school	shùe-yūen*	13
seat	wāi*	19
second	dāi-yēe	8
second-class	yēe-dáng	19
secretary	bāy-shùe	9
see, to	tái-gēen	14
self	tsēe-gáy	16
sell, to	mǎai	5
September	gáu-yūet	6
servant	gòong-yǎn	16
seven	chàt	5
shall	wǒoi	15
shallow	chéen	12
Shanghai	Sēong-hóy	10
she	kǒei	1
ship	shǔen	4
shoes	hǎai	15
shop	pō-tǎu*	5
shop-assistant	fáw-gāy	8
shrimps	hà	8
shut, to	sàan	15
simple	chéen	12
Singapore	Sìng-gā-bàw	2
sister, elder	ā-jè	11
sister, younger	mōoi*	11
sit, to	chǎw	4
six	lōok	5
sleep, to	fūn-gāu	10
slow	mǎan	4
smoke	yèen	13
snow	lōk-sūet	10

so	gūm	4
society	wōoi*	12
socks	mūt	20
some	dèe	6
sometimes	yău sĕe	8
son	tsái	9
sorry	dōei-m̆-jūe	9
	m̆-hó yēe-sēe	9
sort (kind)	jóong	16
	yēong*	8
sound	sèng	18
	yùm	7
soup	tòng	8
south	năam	12
speak, to	góng	1
	wā	1
start, to (of vehicles)	hòy-chǐng	19
station	jāam	18
stay, to	jūe	2
steam-ship	fáw-shŭen	18
still	jōong	8
stop, to	tǐng	19
storey	chǎng	12
student	hōk-sàang	1
study, to	dōok-shùe	3
stupid	chún	19
summit	sàan-déng	12
Sunday	lăi-bāai or lăi-bāai yāt	7
surname	sīng	3
sweep, to	sō	20
swim, to	yău sóei	18
table	tǒy	20
tall	gò	12
taxi	dìk-sée	4

tea	chǎ	8
teach, to	gāau	7
teacher	gāau-yŭen	9
	sèen-sàng	7
telephone	dēen-wā*	9
tell, to	gīu	15
ten	sūp	5
than	gwāw	7
thank you	dàw-tsē	4
	m̌-gòy	1
there	gáw-bēen	8
	gáw-dō	2
therefore	sáw-yĕe	7
thick	hāu	15
think, to	gwóo	7
	núm	7
	yĕe-wǎi	19
thirty	sàam-sūp	6
this	nèe-	1
three	sàam	2
Thursday	lăi-bāai sāy	7
ticket	fày	19
	pīu	19
time (occasion)	chēe	10
time, period of	sĕe-hāu	15
tired	gwōoi	15
to (until)	jēe	18
today	gùm-yāt	2
together	yàt-chǎi	16
tomorrow	tìng-yāt	2
tone	yùm	7
too	tāai	9
trade union	gòong-wōoi*	17
train	fáw-chè	11
tram-car	dēen-chè	12

travel by, to	chăw	4
	dāap	13
tree	shūe	18
trousers	fŏo	15
Tuesday	lăi-bāai yēe	7
twelve	sūp-yēe	5
twenty	yā	9
	yēe-sūp	6
two	lĕong	2
	yēe	2
type, to	dá-tsēe	9
typewriter	dá-tsēe-gày	17
typhoon	dá fòong	10
understand, to	mĭng-bāak	9
university	dāai-hōk	7
until	dō	14
unusually	fày sĕong	18
upstairs	lău-sēong	16
use, use to	yōong	7
vegetables	chōy	8
very	hó	2
	sūp-fùn	4
village	chùen	19
wages	yăn-gòong	16
wait, to	dáng	9
waiter	făw-gāy	8
walk, to	hăang	4
walk, to go for a	hăang gàai	18
want, to	ōy	6
	séong	5
	yīu	2
wardrobe	yèe-gwāi	20

warm	nŭen	10
washing machine	sái-yèe-gày	20
waste, to	sàai	20
wear, to	jĕok	10
weather	tèen-hāy	10
weather, fine	hó tèen	10
Wednesday	lăi-bāai sàam	7
week	lăi-bāai	6
week, last	sēong-gāw lăi-bāai	11
west	sài	12
Westerner	Sài-yăn	7
wet	sùp	10
what?	mèe-yĕ	3
	mùt-yĕ	1
when?	gáy-sĕe	2
when	-gē sĕe-hāu	11
where?	bèen-shūe	3
white	bāak	6
who?	bèen-gāw	3
why?	déem-gáai	7
	tsō mèe-yĕ	15
wide	fōot	18
wife	tāai-tāai*	3
will	wŏoi	15
wind	fòong	10
window	chèong-mŏon	15
wipe, to	māat	20
wish, to	séong	5
	yīu	2
with	tŏong-măai	3
woman	nŏei	9
	nŏei-yăn	5
work, to	dá gòong	17
work	gòong-tsōk	17
work, to stop	fōng gòong	14

workman	gòong-yăn	16
write, to	sé	7
year	něen	7
year, last	gāu-něen	11
year, next	chòot-něen	11
year, this	gùm-něen	11
years (of age)	sōei	9
yesterday	chŭm-yāt	2
you (singular)	năy	1
young	hāu-sàang	18
youth, a	hāu-sàang	18

JAPANESE

C. J. DUNN and S. YANADA

This book is designed to take the student with no previous experience of Japanese to the point where he is able to hold a conversation on many non-technical subjects with confidence. Principal points of grammar and a basic vocabulary are introduced in a series of graded lessons, and there are supplementary sections on the socially essential respect language and conversational usage. Romanised spelling is used throughout.

TEACH YOURSELF BOOKS